Pluralismo religioso

Coleção TEMAS DO *Ensino Religioso*

I. Pressupostos do Ensino Religioso
1. Ensino religioso: aspectos legal e curricular – Sérgio Rogério Azevedo Junqueira / Rosa Lydia Teixeira Correa / Ângela Maria Ribeiro Holanda
2. Ensino religioso: construção de uma proposta – João Décio Passos

II. Questões Fundamentais
1. Como a religião se organiza: tipos e processos – João Décio Passos
2. Ritos: Expressões e propriedades – Maria Angela Vilhena

III. Tradições Religiosas
1. Espiritismos: limiares entre a vida e a morte – Maria Angela Vilhena
2. Novos movimentos religiosos: o quadro brasileiro – Silas Guerriero
3. Pentecostais: origens e começo – João Décio Passos

IV. Temas Contemporâneos
1. Fundamentalismos: matrizes, presenças e inquietações – Pedro Lima Vasconcelos
2. O uso de símbolos: sugestões para a sala de aula – Maria Celina Cabrera Nasser
3. Pluralismo religioso: As religiões no mundo atual – Wagner Lopes Sanchez

WAGNER LOPES SANCHEZ

Pluralismo religioso

As religiões no mundo atual

Dados Internacionais de Catalogação na Publicação (CIP)
(Câmara Brasileira do Livro, SP, Brasil)

Sanchez, Wagner Lopes
   Pluralismo religioso : as religiões no mundo atual / Wagner Lopes Sanchez. — 2. ed. — São Paulo : Paulinas, 2010. — (Coleção temas do ensino religioso)

   Bibliografia.
   ISBN 978-85-356-1559-3

   1. Diálogo – Aspectos religiosos 2. Ecumenismo 3. Pluralismo religioso 4. Pluralismo religioso – Brasil 5. Religiões – Relacionamento I. Título. II. Série.

10-00243   CDD-291.172

Índice para catálogo sistemático:
1. Pluralismo religioso : Relações inter-religiosas : Religiões 291.172

A coleção *Temas do Ensino Religioso* é uma iniciativa
do Departamento de Teologia e Ciências da Religião da PUC-SP

Direção-geral: *Flávia Reginatto*
Editores: *Afonso Maria Ligorio Soares e Vera Ivanise Bombonatto*
Copidesque: *Cirano Dias Pelin*
Coordenação de revisão: *Andréia Schweitzer*
Revisão: *Patrizia Zagni*
Direção de arte: *Irma Cipriani*
Gerente de produção: *Felício Calegaro Neto*
Projeto gráfico e capa: *Telma Custódio*

1ª reimpressão – 2013

Nenhuma parte desta obra poderá ser reproduzida ou transmitida por qualquer forma e/ou quaisquer meios (eletrônico ou mecânico, incluindo fotocópia e gravação) ou arquivada em qualquer sistema ou banco de dados sem permissão escrita da Editora. Direitos reservados.

Paulinas

Rua Dona Inácia Uchoa, 62
04110-020 – São Paulo – SP (Brasil)
Tel.: (11) 2125-3500
http://www.paulinas.org.br – editora@paulinas.com.br
Telemarketing e SAC: 0800-7010081

© Pia Sociedade Filhas de São Paulo – São Paulo, 2005

SUMÁRIO

Apresentação da coleção 7

Introdução 13

I. A questão das diferenças no mundo atual 15

II. A Modernidade e o pluralismo religioso 25

III. O diálogo inter-religioso 55

IV. O ecumenismo 79

V. A diversidade religiosa no Brasil 103

VI. O pluralismo religioso no Brasil 117

Conclusão 135

APRESENTAÇÃO DA COLEÇÃO

A Coleção *Temas do Ensino Religioso* representa um passo importante na direção de um serviço sempre mais qualificado em vista da formação integral de nossa juventude. Com essa iniciativa, o Departamento de Teologia e Ciências da Religião (DTCR) da Pontifícia Universidade Católica de São Paulo (PUC-SP) quer contribuir em um projeto mais vasto que, pelo menos, desde a criação do Fonaper — Fórum Nacional Permanente do Ensino Religioso (1995) — tem investido na garantia da disciplina *Ensino Religioso* (ER) na formação básica do cidadão. Para tanto, tarefa inadiável é investir no apoio aos docentes da disciplina, incentivando sua capacitação específica. Ao sugerir e coordenar tal projeto, a equipe do DTCR quer unir a prática de educadores que já desenvolvem o Ensino Religioso em muitas escolas do País com a pesquisa que vários profissionais das Ciências da Religião vêm desenvolvendo no âmbito universitário. Acreditamos que, à exceção de alguns subsídios lançados pelo próprio Fonaper — e, no momento, suspensos —, haja uma demanda reprimida por obras na área e com esta perspectiva.

O projeto nasceu de um convite da Editoria de ER da Paulinas. Esta Editora tem alcançado notório e reconhecido protagonismo na área,[*] o que leva a deduzir ser esta uma opor-

---

[*] São exemplos da opção de Paulinas a revista *Diálogo*, sua assessoria ao Fonaper, a coleção didática sobre ER, a mesa proposta na recente Conferência sobre o Cristianismo (PUC-SP, julho 2003) etc., além das coleções voltadas para a formação em Ciências da Religião, dentre elas, *Religião e Cultura*, *Literatura e Religião*, *Estudos da ABHR*, e o patrocínio da revista do Departamento de Teologia e Ciências da Religião da PUC-SP: *Religião & Cultura*.

tunidade singular para somar forças, mais uma vez, entre Paulinas e nosso Departamento de Teologia e Ciências da Religião. Os principais objetivos almejados pela coleção são: proporcionar aos docentes o conhecimento dos elementos básicos do fenômeno religioso a partir da experiência dos alunos; expor e analisar o papel das tradições religiosas na sociedade e na cultura; contribuir com a compreensão das diferenças e semelhanças entre as tradições religiosas; refletir sobre a relação entre os valores éticos e práticas morais com as matrizes religiosas presentes na sociedade e na cultura; apresentar a religião como uma referência de sentido para a existência dos educandos e como um fator condicionante para sua postura social e política; elucidar a problemática metodológica, curricular e legal do ER; e, finalmente, explicitar os processos de constituição, identificação e interação das denominações religiosas em seus diferentes contextos.

Os livros foram pensados como subsídio para a formação dos docentes de ER e de disciplinas afins dos ensinos fundamental e médio. Sabemos da importância de uma formação que prepare especificamente para o ER e é inegável a carência de material adequado e de publicações academicamente qualificadas. Portanto, cremos ser bastante oportuna uma coleção que contemple as grandes temáticas e as enfoque diretamente para o professor de ER.

O olhar que pretendemos lançar sobre o fenômeno religioso não é confessional nem pertence a esta ou aquela "teologia". Os temas estudados têm como base epistemológica as Ciências da Religião. Essa abordagem possibilita a análise diacrônica e sincrônica do fenômeno religioso, a saber, o aprofundamento das questões de fundo da experiência e das expressões religiosas, a exposição panorâmica das tradições religiosas e as suas correlações socioculturais. Trata-se, portanto, de um enfoque multifacetado que busca luz na Fenomenologia, na História, na Sociologia, na Antropologia e na Psicologia da religião, contemplando, ao mesmo tempo, o olhar da Educação. Além de fornecer a perspectiva, a área de conhecimento das Ciências da Religião favorece as práticas do respeito, do diálogo e do ecumenismo entre as religiões. Contribui, desse modo, com uma educação religiosa de caráter transconfessional que poderá incidir na formação integral do ser humano.

A coleção orienta-se, fundamentalmente, pelos Parâmetros Curriculares do ER sugeridos pelo Fonaper. Embora não tenha força de lei, tais balizas significam um consenso construído por profissionais e especialistas da área numa perspectiva epistemológica e política que define as bases teóricas e metodológicas do ER, superando as abordagens e práticas confessionais de recorte catequético ou teológico. Nesse sentido, as publicações atendem aos eixos que regem os Parâmetros: *culturas e tradições religiosas* (e suas inter-relações); *teologias* (estudo da concepção do transcendente); *textos sagrados e tradições orais* (significado da palavra sagrada no tempo e no espaço); *ritos* (entendimento das práticas celebrativas); e *ethos* (vivência crítica e utópica da ética humana a partir das tradições religiosas).

Nossos autores abordam esses eixos em duas direções: como questão transversal, implícita ou explícita nas temáticas de cada monografia, mas também como abordagem direta nos seus referidos títulos. Além disso, o conjunto dos títulos visa a apresentar as questões epistemológicas de fundo dos próprios Parâmetros — a problemática da ciência, a educação, a interdisciplinaridade, a legislação do ER, a definição de Religião —, bem como expor as grandes tradições religiosas que compõem de modo particular o campo religioso brasileiro.

Para dar conta dos eixos anteriormente descritos, organizamos a coleção em quatro seções, abrangendo os pressupostos teóricos, metodológicos e pedagógicos do ER e dos próprios Parâmetros Nacionais, as questões estruturantes das religiões, as principais tradições religiosas presentes no Brasil e alguns temas contemporâneos ligados aos processos de relação e identificação religiosa. Os títulos das seções respondem pelas questões básicas que as constituem, mas poderão, futuramente, acolher outros temas relevantes e complementares. Assim, a seção *Pressupostos* trata das questões de fundo, a saber, definições, teorias, paradigmas e sujeitos envolvidos no fenômeno religioso. Em *Questões fundamentais* são enfocadas as constantes ou elementos constitutivos das tradições religiosas, tendo por parâmetro a fenomenologia da religião. A seção *Tradições religiosas* apresenta as matrizes e instituições predominantes no campo religioso brasileiro, sem se esquecer, é claro, de denominações importantes no panorama mundial. E, finalmente, a seção *Temas contemporâneos* aborda alguns processos que dinamizam as religiões.

Outro cuidado foi oferecer textos em linguagem acessível, sem hermetismos acadêmicos, com alusões internas a autores e obras fundamentais, com poucas e sucintas notas de rodapé. Quando necessário, ao final de cada capítulo, serão indicadas algumas obras para aprofundamento e, no fim do volume, a referência bibliográfica completa.

Por fim, só nos resta agradecer a todas as entidades que tornaram possível esta realização e, ao trazê-la, finalmente, a público, fazer votos de que cumpra a meta de atingir e satisfazer seu público preferencial. Aliás, como se trata de um processo de construção socializada dos temas, serão bem-vindos críticas, sugestões e pedidos de esclarecimento, a fim de que possamos aprimorar a qualidade dos próximos volumes e eventuais reedições dos lançamentos desta série.

Dr. Afonso Maria Ligorio Soares – PUC-SP
Coordenador da Coleção *Temas do Ensino Religioso*

INTRODUÇÃO

> *Instituir o diálogo entre todas as religiões permitirá que possamos compreender-nos e trabalhar juntos para o bem da humanidade.*
> (CATHERINE BARRY. Sábias palavras do Dalai-Lama. p. 177.)

> *O futuro das religiões do mundo depende da capacidade de seus membros de se colocarem a serviço de todos.*
> (Ibidem. p. 190.)

Ao olharmos o mundo atual, constatamos um verdadeiro mosaico de religiões. Reconhecer o direito de as religiões expressarem-se livremente nesse mosaico é o primeiro passo para termos pluralismo religioso. O segundo passo é reconhecer que todas as religiões têm legitimidade, porque expressam as diferentes formas humanas de aproximação do mistério fundante da vida.

Este livro pretende fazer uma introdução ao tema do pluralismo religioso em geral, e brasileiro em particular, e discutir os principais desafios que se colocam nos dias de hoje às religiões e às Igrejas cristãs, em particular, a partir dessa perspectiva.

O livro está estruturado em seis capítulos. No primeiro capítulo — *A questão das diferenças no mundo atual* —, discutiremos a importância das diferenças, sobretudo nos dias atuais, em que, no contexto da mundialização, essas diferenças afirmam-se com muita insistência. Hoje, cada vez mais cresce a consciência da importância das diferenças para a construção das identidades individuais e culturais.

O segundo capítulo — *A Modernidade e o pluralismo religioso* — apresenta o pluralismo religioso como uma das mudanças trazidas pela Modernidade ao campo religioso. A Modernidade rompe com a visão monolítica presente na época medieval e instaura a pluralização de visões de mundo. O diferente, com a Modernidade, pode reivindicar legitimidade e o direito de existir livremente. A religião vai ser diretamente afetada pela pluralização de visões de mundo e, mais ainda, será desafiada a reconhecer o pluralismo religioso como um princípio básico para a dinâmica do campo religioso atual.

O terceiro capítulo — *O diálogo inter-religioso* — reflete sobre uma das exigências do pluralismo religioso: o diálogo entre as diferentes expressões religiosas. A capacidade de abrir-se para o diálogo inter-religioso é um dos critérios utilizados pela sociedade moderna para reconhecer a legitimidade das religiões. E o diálogo inter-religioso estará marcado pelas diferentes visões que as religiões constroem a respeito das demais.

O quarto capítulo — *O ecumenismo* — trata de uma exigência do pluralismo religioso no âmbito das Igrejas cristãs. Assim como no caso do diálogo inter-religioso, a construção da unidade no cristianismo tem um pressuposto: o reconhecimento das diversas legitimidades.

Por fim, tratamos da diversidade religiosa e do pluralismo religioso no Brasil no quinto — *A diversidade religiosa no Brasil* — e sexto — *O pluralismo religioso no Brasil* — capítulos, respectivamente.

Cada capítulo tem uma estrutura didática que visa a levar o leitor a aprofundar e problematizar o tema com base nos subsídios apresentados.

Que o estudo do pluralismo religioso crie no leitor a admiração pela diversidade religiosa e o desejo de mergulhar no rico universo das religiões.

WAGNER LOPES SANCHEZ

A QUESTÃO DAS DIFERENÇAS NO MUNDO ATUAL

OBJETIVOS

- Refletir sobre a experiência da diferença existente no cotidiano.
- Analisar a questão das diferenças presentes nas diversas culturas.
- Discutir a questão da legitimidade das diferenças e da sua importância para a compreensão do mundo na sua diversidade cultural.

SUBSÍDIOS PARA APROFUNDAMENTO

1

No cotidiano, a experiência é decisiva para a nossa compreensão das pessoas, do mundo, da sociedade e da história. Os diversos modos de ser, viver, pensar e agir, que caracterizam as culturas,[1] são mediados pela nossa experiência.

---

[1] BOSI, Alfredo. *Dialética da colonização*, p. 319.

Para sobreviver no mundo, realizamos um processo de apropriação deste por meio das diversas formas de conhecimento: o mito, a religião, a arte, a filosofia, a ciência e a teologia. Significa dizer que conhecemos para sobreviver, tanto no corpo como na alma. Procuramos conhecer a nós mesmos, os outros, a história, o mundo e a vida, que nem sempre se apresenta a nós de forma amigável.

A experiência é o lugar fundante desse processo de apropriação do mundo. Ou seja, é a partir da experiência que tomamos o mundo em nossas mãos para torná-lo mais habitável, mais humano. Por isso, tomar consciência da nossa experiência é importante para compreender como se dá o processo de conhecimento.

A experiência que vivemos no cotidiano é caracterizada pela cultura onde vivemos. Assim, ao mesmo tempo que a nossa experiência é marcada pela cultura, também medeia os diversos elementos culturais que chegam até nós. É um processo dialético, em que cada um de nós influencia a cultura e, ao mesmo tempo, é influenciado por ela. Por isso, cada pessoa é, ao mesmo tempo, produto da cultura onde vive e produtora de cultura.

2

Uma das primeiras experiências que vivemos no início de nossas vidas é, justamente, a de que somos diferentes das outras pessoas e do mundo. Aos poucos, vamos descobrindo que as pessoas têm características que as diferem de nós, o que vale também para as culturas. É a experiência da alteridade.

De certa forma, essa é a experiência que está na raiz da sociabilidade. Ou seja, a vida social enraíza-se na experiência da alteridade e, ao mesmo tempo, leva-nos à sua descoberta, fato que pode ser constatado por todas as pessoas e por todas as culturas.

Da mesma forma que não é possível entender a pessoa humana isoladamente, assim também não é possível conceber uma cultura que não tenha tido algum tipo de contato com outras culturas. É possível dizer, portanto, que a alteridade é um fenômeno universal. Daí a necessidade que as diversas culturas têm para estabelecer quadros comparativos para classificar e compreender o outro.[2]

A descoberta da alteridade, portanto, é, antes de tudo, a experiência da diferença. Este é o núcleo central das culturas: a existência das diferenças. A consciência da existência da diferença possibilita à pessoa e à cultura estabelecer, em meio às diversas contradições e conflitos, a sua identidade: "Nenhum grupo é capaz de, sozinho, produzir sua própria definição identitária e fixar univocamente sua significação [...]".[3]

Uma das aproximações possíveis do conceito de cultura é justamente aquela que compreende cultura como a diferença específica dos grupos e povos nas suas relações consigo mesmos (identidade) e com as outras culturas (humanidade).[4] Dessa forma, o que define a cultura de um grupo ou povo é a diferença construída histórica e coletivamente.

---

[2] Cf. MONTERO, Paula. Globalização, identidade e diferença, p. 50.
[3] Idem. Reinventando as diferenças num mundo global, p. 233.
[4] Cf. SUESS, Paulo. Evangelización inculturada. Glosario conceptual, p. 31.

A descoberta da alteridade e da diferença é, portanto, condição *sine qua non* para a definição da identidade. Embora essa descoberta seja importante para a construção da identidade, é necessário um outro passo: o reconhecimento de que as diferenças são legítimas e têm direito à existência e, portanto, à concreticidade histórica. Em outras palavras, as diferenças devem ser respeitadas.

O problema do reconhecimento da legitimidade das diferenças impõe-nos a discussão dos critérios a serem utilizados para avaliá-las. Surge, então, a necessidade de definirmos critérios aceitos universalmente a partir dos quais é possível pensar a questão das diferenças.

O critério ético que hoje está sendo apresentado como baliza para a avaliação das diversas esferas da sociedade humana é o seguinte: a vida tem de ser respeitada para que seja garantida a sua integridade, o que exige uma atitude de reverência e de cuidado com todos os seres.

A Carta da Terra, aprovada pela Unesco em 2000, explicita esse princípio da seguinte forma:

> Respeitar a Terra e a vida em toda sua diversidade: a. Reconhecer que todos os seres são interligados e cada forma de vida tem valor, independentemente do uso humano; b. Afirmar a fé na dignidade inerente de todos os seres humanos e no potencial intelectual, artístico, ético e espiritual da humanidade.[5]

Esse critério permite avaliar as diferenças culturais e estabelecer parâmetros de legitimidade destas. Ou seja, uma característica cultural tem legitimidade na medida em que está fundada nesse

---

[5] BOFF, Leonardo. *Ethos* mundial. Um consenso mínimo entre os humanos, p. 151.

critério e, por isso, deve ter garantida a sua existência. Ao contrário, uma característica cultural que contrarie a integridade da vida deve ser superada.

3

Hoje, mais do que nunca, a reivindicação do direito à diferença desponta como uma bandeira que se acrescenta e redimensiona o lema da Modernidade: igualdade, liberdade e fraternidade.

A consciência histórica, que atingimos neste momento da vida da humanidade, impõe a afirmação da legitimidade da diferença como uma das condições sociais necessárias para a construção de uma sociedade onde a democracia se constitua na forma geral de sociedade.

Apesar dos riscos dos diversos usos ideológicos que podem ser feitos do conceito de diferença, como assinala Pierucci,[6] é importante realçar que a reafirmação do direito à diferença é um dos ingredientes da democracia entendida como forma geral de organização da sociedade humana.

Se a democracia é a convivência plural em meio ao conflitos legítimos, é fundamental que as diferenças sejam reconhecidas como raiz da diversidade. O espaço, portanto, onde podemos construir a democracia é justamente o espaço das diferenças conhecidas e reconhecidas.

---

[6] Uma das teses centrais do livro *Ciladas da diferença*, de Antonio Flávio Pierucci, é a afirmação de que o discurso da diferença tem um forte viés conservador e, por isso, tem sido utilizado pela direita para defender os seus interesses.

4

O processo de globalização neoliberal, no qual grande parte da população mundial está inserida na atualidade, levanta problemas para a reflexão em torno das questões sobre as diferenças e sobre a identidade.

Na história da sociedade ocidental encontramos diversos exemplos de rejeição das diferenças e da identidade do outro. Um exemplo disso foi o processo de colonização desencadeado a partir do século XV na América por países europeus. Contraditoriamente, foi o cenário da Modernidade que possibilitou as condições necessárias para o reconhecimento do direito à diferença e da identidade.[7]

Olhando o panorama do mundo atual, observamos que um dos fatores subjacentes aos grandes conflitos é justamente a questão da diferença cultural. Em diversos lugares do planeta encontramos grupos étnicos exigindo espaço para afirmarem sua existência e interferindo na agenda social. Bem perto de nós, podemos pensar nos diversos grupos indígenas presentes em países latino-americanos que buscam resgatar a sua tradição e reivindicam direitos secularmente negados.

Uma das características da modernidade tecnológica e que foi radicalizada pela globalização neoliberal é, justamente, a massificação, processo que procura eliminar do cenário mundial as diferenças culturais e impor parâmetros de comportamento uniformes para as diversas sociedades. O mercado e os meios de comunicação social têm um papel fundamental nesse processo de homogeneização das culturas.

---

[7] Cf. MONTERO, Paula. Globalização, identidade e diferença, cit., p. 56.

Numa ordem social global, onde ocorre um processo de imposição de valores e de comportamento, a partir dos grandes centros de decisão, as diferenças são descartadas para atender à lógica do mercado.

É fácil imaginar o que esse processo provocará no âmbito da cultura. Ao mesmo tempo que, de um lado, temos a massificação e a tentativa de uniformização cultural, de outro, temos a resistência, muitas vezes violenta, para que as culturas dos povos e grupos subordinados não desapareçam.

QUESTÕES

1) Como se dá a experiência da diferença na sociedade brasileira?
2) Qual a relação entre a existência legítima das diferenças e a democracia?

EXCERTOS DE TEXTOS

Texto n. 1: Um conceito de cultura

O conceito cultura designa a diferença específica de cada grupo/povo (identidade). Tudo o que é humano é culturalmente determinado:
– as construções materiais e as transformações da natureza para fazer este mundo mais habitável e a agricultura ("sistema de adaptação");

– as regras de convivência social, a maneira de fazer política, as próprias estruturas do exercício do poder, a defesa contra os inimigos e as estruturas de parentesco ("sistema de associação");
– a visão de mundo que se expressa na religião, nas filosofias e ideologias, nos ensinamentos e na arte ("sistema interpretativo").

Os diferentes povos e grupos sociais constroem, por meio de suas atividades culturais, um *segundo meio ambiente*, um *ecossistema humano*.

A cultura é uma herança e uma tarefa coletiva. Neste *ecossistema histórico*, os subsistemas (adaptativo, associativo e interpretativo) e os diferentes níveis ou registros da realidade humana (real, simbólico, cognitivo, imaginário, afetivo) são relacionados ou até interdependentes entre si e uns com os outros. Câmbios culturais e o próprio intento da inculturação são processos lentos que interferem numa teia complexa de sistemas e registros assumidos pelas socializações individual e coletiva dos respectivos atores e grupos sociais como normativos.

A cultura como construção histórica da vida significa resistência permanente contra a força bruta individual, o sofrimento e a morte. [...]

Como lugares de identidade e vida, de transformação (tecnologia) e de criação (arte) da realidade, de convivência filial com Deus e fraternal com seus semelhantes e com a natureza, as culturas são atravessadas pelos eixos da gratuidade (lúdico, lazer, festa), da eficácia (trabalho, causa-efeito, custo-benefício) e da resistência às forças que atentam contra a vida (inimigos, forças sobrenaturais e naturais, fome).[8]

---

[8] SUESS, Paulo. *Evangelizar a partir dos projetos históricos dos outros. Ensaio de missiologia*, pp. 177-178.

Texto n. 2: O humano como critério

A exigência básica da Declaração de Chicago é a mais elementar que pode ser feita ao ser humano, e que, não obstante, não é de maneira nenhuma evidente: *humanidade*, no sentido de verdadeira humanidade.

Neste mundo, hoje como ontem, seres humanos são tratados de forma desumana. São privados de suas oportunidades de vida e de sua liberdade, sendo seus direitos calcados aos pés, sua dignidade desrespeitada. [...] Em face de todas as desumanidades, nossas convicções religiosas e éticas exigem: todo ser humano tem de ser tratado humanamente! Quer dizer: todo ser humano [...] possui uma inalienável e intocável dignidade.

[...] é um sinal dos tempos que em nossos dias também um grêmio de estadistas comprovados e realistas tenham assumido expressamente como base de uma consciência ética mundial estes dois princípios básicos:
- Todo ser humano deve ser tratado humanamente.
- O que queres que te façam, faze tudo também aos outros.

Estes dois princípios devem ser a norma inalterável e incondicional para todas as esferas da vida, para famílias e comunidades, para raças, nações e religiões.[9]

Texto n. 3: Diversidade cultural e alteridade

A diferença de culturas parece estar se tornando um dos problemas mais agudos do mundo contemporâneo. Governos, políticos, instituições, habituados a lidar com conflitos que tinham como

---
[9] KÜNG, Hans. Uma ética global para a política e a economia mundiais, pp. 197-198.

eixo a busca de integração [...] à sociedade mais ampla, estão hoje perplexos diante da pulverização progressiva da experiência social e da constatação cada vez mais recorrente de que as especificidades culturais — sobretudo quando transformadas em direito à diferença — parecem fazer ruir a confiança na permanência da "sociedade" como entidade positiva, integradora e totalizadora.

Parece-nos fundamental compreender o lugar das alteridades no mundo contemporâneo, alteridades que se tecem nos processos de reinvenção das identidades e das diferenças. Definindo com mais clareza esse lugar, talvez seja possível compreender melhor a lógica, a forma e a direção dos agenciamentos que põem em relação diferentes grupos sociais.

Parece-nos que um dos campos privilegiados para visualizarmos, hoje, particularmente no caso brasileiro, essa forma de negociação permanente das diferenças é o campo das religiões. Com efeito, acompanhando uma tendência mais geral dos países industrializados, o campo religioso brasileiro aparece, cada vez mais, recortado por uma enorme variedade de pertencimentos religiosos oriundos de tradições culturais o mais diversas.[10]

BIBLIOGRAFIA SUGERIDA

MONTERO, P. Reinventando as diferenças num mundo global. In: DOWBOR, L., IANNI, O. & RESENDE, P.-E. A. *Desafios da globalização*. Petrópolis, Vozes, 1998.

SUESS, P. *Evangelizar a partir dos projetos históricos dos outros. Ensaio de missiologia*. São Paulo, Paulus, 1995.

---

[10] MONTERO, Paula. Reinventando as diferenças num mundo global, cit., pp. 231-234.

A MODERNIDADE E O PLURALISMO RELIGIOSO

OBJETIVOS

- Compreender as mudanças provocadas pela Modernidade à sociedade ocidental.
- Refletir sobre o diálogo e o pluralismo como ingredientes fundamentais da Modernidade.
- Analisar o impacto ocasionado pela Modernidade ao campo religioso.

SUBSÍDIOS PARA APROFUNDAMENTO

1

Freqüentemente, quando perguntamos o que é ser moderno, duas noções são apresentadas. Num primeiro momento, moderno é definido como sendo tudo o que está marcado pelo desenvolvimento tecnológico. Antimoderno, portanto, é aquilo que não acompanhou o avanço tecnológico. Um exemplo disso está presente na frase: "O sistema financeiro brasileiro, nos últimos anos, foi o setor da economia que mais se modernizou". Com isso, quero dizer que o sistema financeiro brasileiro foi o setor da economia que mais se adaptou às mudanças tecnológicas. Num segundo momento, moderno é definido como sendo antimedieval, como tudo o que é oposto ao passado medieval. Por trás dessa segunda noção está a idéia de que a Modernidade significou a libertação da sociedade humana em relação às forças da tradição e da ignorância, que, no imaginário moderno, representavam a visão medieval.[1]

O que nos interessa é, justamente, a segunda noção: Modernidade caracteriza-se como oposição ao passado medieval.

A Modernidade trouxe um conjunto de mudanças à sociedade européia, durante a Idade Moderna, tanto na forma de viver como também na forma de representar a realidade, que pode ser identificado como um processo com duas facetas que se complementam: transitoriedade e ruptura. Essas duas facetas referem-se tanto ao passado medieval, num primeiro momento, como a todas as formas de vida social anteriores, num segundo momento.

Por isso, essas duas palavras, transitoriedade e ruptura, são as palavras-chave das mudanças desencadeadas nas várias esferas da sociedade e, por isso, também são as que permitem, hoje, compreender esse processo. A reflexão desenvolvida por Harvey ajuda-nos a compreender esse processo:

> Para começar, a Modernidade não pode respeitar sequer o seu próprio passado, para não falar de qualquer ordem social pré-moderna. A transitoriedade das coisas dificulta a preservação de todo senti-

---

[1] WALLERSTEIN, Immanuel. ¿El fin de que modernidad?, p. 10.

do de continuidade histórica. [...] A Modernidade, por conseguinte, não apenas envolve uma implacável ruptura com todas e quaisquer condições históricas precedentes, como é caracterizada por um interminável processo de rupturas e fragmentações internas e inerentes.[2]

Assim, como afirma Harvey, a Modernidade é a negação de qualquer forma social pré-moderna e, portanto, está marcada pela descontinuidade histórica, pela transitoriedade. Além disso, a Modernidade envolve um processo interminável de rupturas e fragmentações, processo de transitoriedade e rupturas que pode ser constatado nos dias atuais nas diversas esferas da vida social.

A sensação de que estamos mergulhados numa situação de mudanças desenfreadas aponta para essa característica da Modernidade. Vivemos com "a sensação de que nossos pés não estão pisando no chão", tal é o acelerado processo de mudanças que atinge a sociedade e a subjetividade. É uma sensação de desenraizamento, no qual se perdem os referenciais para a vida social e pessoal.

Inerente a esse processo constante de transitoriedade e de rupturas há uma dinâmica que é aquilo que Harvey chama de *destruição criativa*:

> A imagem da *destruição criativa* é muito importante para a compreensão da Modernidade, precisamente porque derivou dos dilemas práticos enfrentados pela implementação do projeto modernista. Afinal, como poderia um novo mundo ser criado sem se destruir boa parte do que viera antes?

---

[2] HARVEY, David. *Condição pós-moderna*, p. 22.

A mudança, na Modernidade, passa a ser compreendida como um processo simultâneo de criação e destruição. Ao mesmo tempo que vão sendo implementados os alicerces da nova sociedade, vai sendo desencadeada a destruição da sociedade medieval. Cabe ressaltar que esse processo não se dá apenas no âmbito macro da sociedade. Dá-se, também, no âmbito micro. Como afirma Berman:

> Ser moderno é encontrar-se em um ambiente que promete aventura, poder, alegria, crescimento, autotransformação e transformação das coisas em redor —, mas ao mesmo tempo ameaça destruir tudo o que temos, tudo o que sabemos, tudo o que somos. [...] Ser moderno é fazer parte de um universo no qual, como disse Marx, "tudo o que é sólido desmancha no ar".[3]

Porém, a Modernidade não apenas destrói a sociedade medieval sobre a qual vai ser construída a sociedade moderna, sob a égide do capitalismo. Ela também traz dentro de si o germe da autodestruição, pois está, a todo momento, destruindo os próprios elementos que acabou de construir. Assim, para a Modernidade, a destruição criativa é inerente ao seu próprio mecanismo de funcionamento e de perpetuação.

Nessa direção, ao examinar o mundo criado pela sociedade capitalista, no bojo da Modernidade, Berman utiliza o conceito

---

[3] BERMAN, Marshall. *Tudo o que é sólido desmancha no ar*, p. 15. Essa contradição permite que Berman defina Modernidade como sendo "um tipo de experiência vital — experiência de tempo e espaço, de si mesmo e dos outros, das possibilidades e perigos da vida — que é compartilhada por homens e mulheres em todo o mundo hoje. Designarei esse conjunto de experiências como 'Modernidade'" (p. 15).

autodestruição inovadora para falar desse processo constante de destruição no qual a própria sociedade moderna está envolvida.[4]

A observação de Berman é um alerta para o contexto sócio-histórico em que se consolida a Modernidade: o capitalismo. Se podemos encontrar raízes da Modernidade bem antes da consolidação do capitalismo, é com a consolidação desse modelo de sociedade que se dá a potencialização da Modernidade. A burguesia apropria-se dos vários aspectos da Modernidade em favor do seu projeto de sociedade capitalista.

E para o desenvolvimento do capitalismo a razão instrumental levada às últimas conseqüências pela Modernidade foi fundamental. Não se trata de apenas afirmar a prioridade da razão para a compreensão do mundo em relação à visão religiosa, chave de leitura do mundo medieval. Mais do que isso. Agora, a razão é afirmada como instrumento de dominação da natureza e de outros seres humanos. Por isso é correto dizer que a Modernidade é a era da razão instrumental, na qual esta será a pedra de toque para o desenvolvimento da destruição criativa.

Depois da reflexão feita até aqui, é possível apresentar uma definição de Modernidade.

> É um estilo de vida, de organização social e uma forma de representação da realidade que se desenvolve sobretudo a partir de meados do século XVII, na sociedade européia, e que foi apropriado pelo capitalismo, no qual a destruição criativa e a razão instrumental são suas marcas registradas.

---

[4] Cf. Ibidem, p. 97.

Essa definição não apenas delimita a que estamos nos referindo — um estilo de vida, uma organização social e uma representação da realidade —, como também apresenta os eixos a partir dos quais a Modernidade se movimenta — destruição criativa e razão instrumental.

2

Interessa-nos analisar um outro aspecto da Modernidade para examinar a questão do pluralismo religioso. Esse aspecto é a secularização.

A secularização pode ser definida como o processo desencadeado pela Modernidade em que a religião perde o lugar de referência primordial para a compreensão do mundo. Do ponto de vista político-institucional, a Igreja católica romana perde o lugar de matriz religiosa e tem seu papel político diminuído. Com isso, abre-se a possibilidade para a separação Igreja-Estado, que vai marcar a vida política moderna.

Usando um conceito muito caro a Weber, a secularização traduziu-se numa autonomização das várias *esferas sociais*[5] e na perda de importância da esfera religiosa. Se no período medieval as várias esferas sociais estavam subordinadas à esfera religiosa, no período moderno as várias esferas sociais ganham legalidade própria e passam a atuar independentemente da esfera religiosa. Esse

---

[5] Para referir-se às várias instâncias sociais, Weber utiliza o conceito de esfera. A esse respeito, ver: WEBER, Max. *Ensaios de sociologia*, pp. 379-412.

processo de secundarização da esfera religiosa e afirmação da autonomia das demais esferas é denominado secularização.

Marramao aponta dois âmbitos que foram atingidos pela secularização: o ético-político e o filosófico. No âmbito ético-político, houve a perda dos modelos tradicionais de valor e de autoridade, que, com a Reforma Protestante, se traduziu na crise do monopólio de interpretação. No âmbito filosófico, houve a crítica dos fundamentos teológicos e metafísicos das explicações sobre o mundo e abertura para autonomia e responsabilidade da pessoa humana.[6]

Assim, Marramao aponta dois aspectos da secularização: a ruptura do monopólio de interpretação possuído pela Igreja católica romana que lhe dava a condição de garantidora de valor e de toda a autoridade, e a abertura à dimensão da escolha, da responsabilidade e do agir humanos.

Esses dois aspectos estão intrinsecamente vinculados e pode-se afirmar que o primeiro é preponderante sobre o segundo. Ao promover aquilo que Marramao chama de ruptura do monopólio de interpretação, a Modernidade reivindica o espaço da escolha, da decisão e da responsabilidade do ser humano sobre as suas ações no mundo. O rompimento do monopólio da interpretação traduz-se pela afirmação do sujeito diante das forças impessoais ou do destino[7] e diante das instituições, sobretudo a instituição religiosa.

Essa afirmação do sujeito e da razão leva a uma racionalização do mundo, no sentido de estabelecer leis racionais para a com-

---

[6] MARRAMAO, Giacomo. *Céu e terra*, pp. 9-10.
[7] Cf. TOURAINE, Alain. *Crítica da modernidade*, p. 217.

preensão do mundo, e a uma racionalização das práticas humanas, no sentido de desenvolver práticas voltadas para a eficácia e para o domínio da natureza. No primeiro caso, pode-se falar no triunfo do desencantamento do mundo e, no segundo caso, no triunfo da racionalidade instrumental. Esses dois processos só se tornaram possíveis porque, na Modernidade, dá-se a priorização do sujeito.

Touraine fala em duas metades da Modernidade:

> Durante muito tempo, a Modernidade foi apenas definida pela eficácia da racionalidade instrumental, a dona do mundo que se tornou possível pela ciência e pela técnica. Essa visão racionalista não deve ser rejeitada de forma alguma, porque ela é a arma crítica mais poderosa contra todos os holismos, todos os totalitarismos e todos os integrismos. Porém ela não dá uma idéia completa da Modernidade; esconde a metade: a emergência do sujeito humano como liberdade e como criação. Não existe uma figura única da Modernidade, mas duas figuras voltadas uma para a outra e cujo diálogo constitui a Modernidade: a racionalização e a subjetivação.[8]

Racionalização e subjetivação são decorrência do mesmo processo de reivindicação do ser humano como ser capaz de liberdade e de criação diante da natureza e da história. Quando o ser humano reivindica e afirma a sua condição de sujeito —, subjetivação —, torna-se possível a racionalização. Assim, segundo Touraine, a afirmação do sujeito autônomo, livre e criativo está muito mais em sintonia com a mentalidade moderna do que a afirmação da razão:

---
[8] Ibidem, p. 218.

A Modernidade triunfa com a ciência, mas também desde que as condutas humanas são reguladas pela consciência, seja esta ou não chamada de alma, e não mais pela busca da conformidade à ordem do mundo. Os apelos para servir o progresso e a razão, ou o Estado que é seu braço armado, são menos modernos que o apelo à liberdade e à gestão responsável de sua própria vida.[9]

Reafirmando a prioridade do sujeito sobre a razão, Touraine critica aqueles que identificam a Modernidade apenas com a racionalização:

> Aqueles que querem identificar a Modernidade unicamente com a racionalização não falam do sujeito a não ser para reduzi-lo à própria razão e para impor a despersonalização, o sacrifício de si e a identificação com a ordem impessoal da natureza ou da história. O mundo moderno é, ao contrário, cada vez mais ocupado pela referência a um sujeito que está libertado, isto é, que coloca como princípio do bem o controle que o indivíduo exerce sobre suas ações e sua situação.[10]

Pode-se perguntar como a Modernidade compreende o sujeito e a distinção dessa compreensão em relação à da Antigüidade. Na Modernidade, o sujeito é entendido como fonte doadora de sentido para tudo.[11] Nesse sentido, há uma reviravolta na forma como a Modernidade compreende a razão. A razão não é vista como o *logos* dos gregos, mas como uma dimensão subjetiva, humana.

---

[9] Ibidem, p. 219.
[10] Ibidem, pp. 219-220.
[11] Cf. OLIVEIRA, Manfredo Araújo de. *Tópicos sobre dialética*, p. 163.

Essa é, segundo Araújo de Oliveira, ao referir-se à abordagem de Kant sobre a questão da razão, a reviravolta antropocêntrica realizada pela Modernidade:

> A filosofia transcendental tem seu grande mérito no esforço de estabelecer a razão na vida humana, só que a razão, aqui restabelecida, não é mais o velho *logos* dos gregos, mas uma razão exclusivamente "subjetiva", enquanto situada, privativamente, no ser humano pensante, e não é mais o poder absoluto que, como, por exemplo, nas filosofias de Platão e Aristóteles, determina o mundo humano e a natureza. É precisamente nisto que reside a "reviravolta antropocêntrica" da filosofia primeira da Modernidade: a subjetividade finita faz-se a instância geradora de sentido para toda a realidade. O ser humano experimenta-se, agora, enquanto fonte de objetificação, como criador do real para si mesmo. A subjetividade torna-se, assim, o ponto arquimédico, princípio e razão de toda a realidade, e a alteridade (seja a natureza, seja o outro eu, seja a intersubjetividade, seja Deus) perde sua transcendência, uma vez que está, de antemão, inserida no horizonte de sentido constituído pelo eu e, portanto, a serviço de seu projeto histórico.[12]

Dessa forma, há um deslocamento na fonte de referência e de sentido para a vida humana. Se na sociedade medieval a fonte de referência e de sentido era Deus — por isso a importância da instituição religiosa como mediadora entre o sagrado e a sociedade humana —, na sociedade moderna essa fonte passa a ser a razão entendida como uma dimensão subjetiva. Ao afirmar

---

[12] Ibidem, pp. 164-165.

o sujeito como portador da razão, a alteridade perde a sua transcendência, o seu caráter sacral. Acontece aquilo que Oliveira chama de sujeição absoluta da alteridade plena à soberania do ser humano.[13] A ênfase no sujeito como portador de razão produtora de sentido leva, portanto, como mostra esse autor, a uma dessacralização do mundo.

Essa reflexão a respeito da emergência do sujeito na Modernidade visa a mostrar uma das interfaces do processo de secularização. Com isso, pretendo afirmar que o processo de secularização desencadeado pela Modernidade só pode ser compreendido a partir da afirmação do sujeito.[14]

Na medida em que a afirmação do sujeito é a negação das forças impessoais e incontroláveis e a negação da existência de um destino desconhecido e previamente determinado por Deus,[15] o processo de secularização surge, na Modernidade, como crítica e como deslocamento da religião da esfera social para a esfera do sujeito. Dessa forma, a religião fica subordinada à consciência do sujeito e deixa de ter o valor de referência absoluta para a vida social. Como decorrência disso, a instituição religiosa ganha outro significado para o conjunto da sociedade e também para o sujeito.

A respeito dessa mudança do papel da religião, e retomando um dos aspectos da definição de Marramao — ruptura do

---

[13] Ibidem.
[14] A esse respeito, ver: SANCHIS, Pierre. O repto pentecostal à "cultura católico-brasileira", p. 88. BRANDÃO, Carlos Rodrigues. A crise das instituições tradicionais produtoras de sentido, p. 29.
[15] TOURAINE, Alain. Op. cit., p. 217.

monopólio de interpretação —, pode-se dizer que na Modernidade há ruptura de um mundo encantado e de seu modelo social correspondente e, em contrapartida, a emergência de um mundo desencantado, em que a religião não é mais a referência última para a sua compreensão.

A respeito da perda, do lugar tradicional ocupado pela religião na sociedade ocidental, na Modernidade, Lechner reconhece a importância do Estado nessa sociedade como novo formulador dessacralizado da ordem, apesar da desconfiança que a Modernidade depositou nessa instituição:

> A sociedade constitui o sentido de ordem por meio de uma instância fisicamente metafísica: o Estado. Adiante, o vértice da ordem coletiva reside no Estado, onde confluem o fundamento constitutivo da vida social e seu ordenamento material-concreto. Já não se crê em um princípio sacrossanto, subtraído ao raciocínio humano, de cuja correta interpretação se deduziriam as leis, tampouco se pode abandonar toda referência a uma lei fundamental.[16]

Aqui se aplica, também, o conceito de destruição criativa examinado no item 1 deste capítulo. A secularização destrói a ordem sacral existente na sociedade medieval e cria uma nova ordem dessacralizada.

Se na sociedade medieval era necessária uma legitimação de ordem divina, sacral, para a nova sociedade trata-se, agora, de reconstruir a ordem social a partir do próprio ser humano e dos critérios racionais. Há uma mudança de referenciais que possi-

---

[16] LECHNER, Norbert. *Los patios interiores de la democracia – Subjetividad y política*, pp. 129-128.

bilita uma nova legitimação. Ao deslegitimar a religião como fundamento do mundo e da sociedade, procura-se dar à razão o lugar de legitimadora do mundo e da sociedade.[17]

3

Falar em pluralismo religioso, hoje, é o mesmo que falar num modo de compreensão da religião que ultrapassa os limites da tradição. As diversas expressões religiosas, cada vez mais centradas no sujeito, acabam se traduzindo numa série de recortes no universo dos símbolos e das práticas. Esses recortes, muitas vezes, não se vinculam à tradição. E, quando isso acontece, a tradição é entendida como algo a ser recriado, dando origem a uma "nova tradição", que incorpora elementos de diversas experiências daqueles que estão inseridos no campo religioso.

Por outro lado, o pluralismo religioso obriga-nos a pensar o campo religioso a partir da complexidade e da dinamicidade próprias dos desafios culturais existentes nas sociedades atuais. O processo acelerado de mudanças, decorrentes, sobretudo, da mundialização da economia, também coloca desafios para o campo religioso, que tem de responder a perguntas que até então não estavam colocadas. Pace fala do desenraizamento como uma das características marcantes da atual situação que faz uma crítica às imagens estáveis, o que provoca nas pessoas, mesmo naquelas que

---

[17] Parte da reflexão desenvolvida neste item consta do primeiro capítulo de minha tese de doutorado, *(Des) Encontros dos deuses...*, pp. 30-38.

estão fora do campo religioso, uma sensação de perda de referências que as leva a novas perguntas de ordem religiosa.[18]

Neste momento, é importante lembrar a distinção que Mallimaci faz entre pluralismo religioso e pluralidade religiosa. O primeiro conceito é amplo e abarca as relações entre Estado, sociedade civil e sujeitos religiosos:

> Una primera distinción a realizar es la referida a pluralidad y pluralismo religioso. Con el primer concepto nos referimos a la existencia, en una determinada sociedad de grupos religiosos diferentes con oportunidades para la acción. El pluralismo religioso és um concepto más amplio y apunta a las relaciones sociales entre estado, sociedad civil y actores religiosos. Esto supone relaciones legales, jurídicas y simbólicas que tienden a que haya grupos y actores religiosos con posibilidad real de crecimiento y expansión. Estas relaciones son construidas históricamente — por desarrollo de sus competidores sea cuales fueran éstos.[19]

O conceito de pluralismo religioso, a partir da reflexão de Mallimaci, ultrapassa a idéia de diversificação dentro do campo religioso. Para ele, a pluralidade religiosa não leva, necessariamente, ao pluralismo religioso: "La pluralidad religiosa puede o no transformarse en pluralismo puesto que éste supone concepciones de estado, sociedad e individuo que hagan de la diversidad parte fundamental de las relaciones sociales".[20]

---

[18] Cf. PACE, Enzo. Religião e globalização, p. 29.
[19] MALLIMACI, Fortunato. Apuntes para una comprensión de la pluralidad, diversidad y pluralismo en el campo religioso en el siglo XIX y XX, p. 2.
[20] Ibidem.

O pluralismo religioso exige a existência de determinadas condições sociais que possibilitam a prática religiosa e a expansão destas. Enquanto a pluralidade tem a ver com a possibilidade de ação de sujeitos religiosos (individuais e coletivos), o pluralismo religioso supõe condições objetivas, inclusive legais, que favoreçam a existência e a afirmação desses sujeitos. Uma dessas condições é um Estado secularizado que possibilita a existência e a competição de diversas visões de mundo.

O pluralismo religioso depende da existência prévia de determinadas visões de Estado, de sociedade, de indivíduo e da religião que façam da diversidade um dado fundamental das relações sociais.[21] Uma sociedade marcada pela intransigência e pelo monopólio religioso e do pensamento não conquistou, ainda, o pluralismo religioso.

É isso, aliás, que para ele distingue pluralismo religioso de pluralidade religiosa. Enquanto o conceito de pluralidade religiosa se refere à existência de diversas visões religiosas e à liberdade de ação para as várias instituições e grupos religiosos, o conceito de pluralismo religioso supõe o reconhecimento pela sociedade e pelo Estado das diversas instituições e grupos religiosos.[22]

Convém ressaltar que na sociedade moderna o grande passo para o pluralismo em geral, e para o pluralismo religioso em particular, foi justamente o processo de secularização[23] entendido como a ruptura do monopólio de interpretação possuído pela Igreja católica romana — que dava a ela a condição de garan-

---

[21] Ibidem.
[22] Ibidem.
[23] PIERUCCI, Antonio Flávio. A propósito do auto-engano em sociologia da religião, p. 115.

tidora de valor e de toda a autoridade —, e a abertura à dimensão da escolha, da responsabilidade e do agir humanos.[24]

Na medida em que o mundo e as instituições são permeados por um caráter sacral, *a-histórico*, a realidade é vista como impermeável à ação das pessoas e dos grupos sociais. Nesse caso, a concepção predominante da natureza e da sociedade é monolítica e centrada na autoridade. Com a secularização e a afirmação do sujeito como uma instância de decisão, na sociedade moderna, temos a origem do pluralismo religioso.

Em resumo, o conceito de pluralismo religioso tem a ver com a secularização, com o Estado secularizado, com a democratização, com a liberdade, com a afirmação da pessoa humana como instância de decisões e com o reconhecimento das legitimidades pelos diversos sujeitos existentes na sociedade.[25]

4

O diálogo vai ser fundamental para a concretização do pluralismo religioso. A contragosto da Igreja católica romana, que resistiu à instauração do pluralismo religioso e à sua conseqüente diminuição de importância, o diálogo entre os sujeitos sociais diferentes será uma das características da Modernidade.

E na sua raiz estão quatro pressupostos: a ruptura do monopólio religioso, a pluralização de cosmovisões, a relativização de certezas e o cenário da democracia.

---

[24] MARRAMAO, Giacomo. Op. cit., pp. 9-10.
[25] Parte da reflexão desenvolvida neste item consta do primeiro capítulo de minha tese de doutorado, *(Des) Encontros dos deuses...*, pp. 90-93.

A ruptura do monopólio religioso

A ruptura do monopólio religioso não traz apenas mudanças para o campo religioso, mas, sobretudo, altera as representações da realidade. O ser humano moderno, ao olhar o mundo, já não absolutiza a dimensão religiosa e, portanto, observa a realidade fora dos limites impostos pelo modelo religioso medieval.

Se antes o seu olhar era unívoco, agora ele é plural. Se antes o seu olhar era mediado pelo universo religioso, agora é mediado pela razão. Se antes o seu olhar percebia o mundo de forma encantada, agora o mundo é percebido de forma desencantada.

E no que diz respeito à sua cosmovisão religiosa, se esta era uma cosmovisão marcada por um único código religioso, o católico, na Modernidade a cosmovisão religiosa é marcada por diversos códigos, o católico e um gradiente de códigos protestantes que, embora tenham estruturas comuns, configuram formas específicas de compreensão dos vários aspectos da vida humana e social.

Assim, a ruptura do monopólio religioso contribui para a elaboração do paradigma moderno em contraposição ao paradigma medieval baseado na sacralização do mundo.

A pluralização de cosmovisões

Um dos aspectos do paradigma moderno é justamente aquele que diz respeito à pluralização de cosmovisões.

O paradigma moderno vai dar espaço para a convivência de diversas cosmovisões com nuanças religiosas ou não.

Essa pluralização das visões, valores e práticas religiosas é concomitante com a pluralização de outras visões e valores de fundo não-religioso. A pluralização da religião é, conseqüentemente, um fenômeno concomitante com a pluralização das visões de mundo em geral.

Assim, deixando de haver apenas uma única grande religião como fonte de transcendência, dá-se uma diversificação no âmbito da cultura e da religião, sobretudo. É a convivência plural de diversas cosmovisões religiosas que, freqüentemente, coexistem, competindo entre si em decorrência dos conflitos causados pela luta por espaço e por número de fiéis.

A relativização de certezas

Na Idade Média, as certezas eram estabelecidas *a priori* pelo universo religioso.

Tanto do ponto de vista da sociedade como do da consciência pessoal, as referências já estavam determinadas e eram coerentes com a visão de mundo sacralizada que permeava as estruturas sociais e as relações pessoais.

A instituição religiosa, nesse universo, tinha um papel crucial: ela era a matriz ideológica que formulava a visão de mundo e que validava a organização social.

Uma das afirmações da Modernidade será que o sujeito é, a partir de agora, a esfera prioritária para a elaboração de normas de conduta para a pessoa humana em detrimento da instituição religiosa.

É o sujeito o responsável pela construção do sentido da vida e de certezas necessárias para orientar a existência humana. Por conta disso, vai ocorrer a relativização de certezas. As certezas não estão dadas *a priori*. Elas estão abertas a um leque de opções que devem ser feitas pela pessoa humana.

A crise de certezas está instaurada e o universo religioso, que não é mais entendido como algo monolítico, passará, agora, a ser espaço para a reinvenção religiosa.

O cenário da democracia

Apesar dos seus limites, a democracia liberal apontou para a existência da liberdade de expressão e do conflito como elementos constitutivos da Modernidade.

O cenário da democracia, inaugurado pela Modernidade, possibilitou o desenvolvimento daquelas condições que permitiram aos sujeitos reivindicarem o direito à diferença, que, no âmbito da política, vai se expressar no pluralismo político.

O pluralismo religioso supõe a existência do pluralismo político e da liberdade, que são características da democracia;[26] dessa forma, no que diz respeito ao campo religioso, o pluralismo religioso opõe-se à concentração do poder, à concepção monolítica deste e à intransigência.

---

[26] Cf. LECHNER, Norbert. Op. cit., p. 123.

5

O século XIX foi o momento histórico em que o cristianismo se viu desafiado a enfrentar as grandes questões levantadas pela Modernidade:

> No entanto, enquanto o catolicismo o fez condenando e rejeitando quase todas as idéias modernas, boa parte do protestantismo o fez incorporando essas idéias, talvez algumas vezes em demasia.[27]

O acontecimento que levou a Igreja católica romana a reagir de forma veemente à Modernidade foi a Revolução Francesa, que levou ao aprofundamento da crise de hegemonia vivida por essa instituição religiosa desde a Reforma Protestante. Se a Reforma Protestante foi o evento que atingiu a Igreja católica romana enquanto poder religioso, a Revolução Francesa atingiu a Igreja católica romana enquanto poder político. Não é por acaso que, para muitos setores da Igreja católica romana, no século XIX, a relação entre a Reforma Protestante e a Revolução Francesa é estreitíssima:

> Se a revolta de Lutero, introduzindo o princípio do livre-exame, abriu no campo filosófico a via de acesso a uma cadeia de erros [...] no campo político ela gerou um espírito de rebelião que provocou uma resistência a toda e qualquer autoridade socialmente constituída.[28]

A Revolução Francesa foi um movimento político que subtraiu da Igreja católica romana e de seus aliados — setores aristocráticos da sociedade francesa — os privilégios e a condição de

---

[27] GONZALEZ, Justo. L. *A era dos novos horizontes*, p. 90
[28] MENOZZI, Daniele. *A Igreja católica e a secularização*, p. 27.

hegemonia religiosa na França, inaugurando, com isso, uma nova fase na história da Europa ocidental. Ela trouxe, para o cenário da sociedade européia, os valores modernos que foram rejeitados pela Igreja católica romana. O *slogan* "liberdade, igualdade e fraternidade" era rejeitado tanto pela Igreja católica romana quanto pelas classes dominantes aristocráticas. Diversos foram os fatos que, por ocasião da Revolução Francesa, atingiram diretamente os interesses da Igreja católica romana. Além das medidas tomadas pela Revolução Francesa, como o confisco dos bens da Igreja católica romana pelo Estado, em 1793 o Estado pontifício foi ocupado por tropas francesas. No dia 15 de fevereiro de 1798, foi proclamada a República em Roma e o papa, deposto. Como se negasse a retirar-se de Roma, Pio VI foi levado prisioneiro para a França.[29]

Um exemplo da oposição às idéias modernas foi a carta encíclica *Qui pluribus*, de Pio IX, publicada em 9 de novembro de 1846.[30] Nesse documento, Pio IX critica as posições dos defensores da Modernidade. Transcrevo, a seguir, trechos desse documento que ilustram bem a posição da Igreja católica romana naquele momento:

> [...] nesta nossa infeliz época se desencadeou ferocíssima e tremenda guerra contra tudo aquilo que é católico por parte daqueles que [...] procuram retirar das trevas os mais diferentes tipos de opiniões monstruosas, de exagerá-las o máximo possível e de publicá-las e difundi-las entre o povo. Sentimo-nos horrorizados e sofrendo amargamente quando repensamos nos monstruosos erros, nas várias e múl-

---

[29] Cf. FISCHER-WOLLPERT, Rudolf. *Léxico dos papas*: de Pedro a João Paulo II, p. 149.
[30] Pio IX foi o papa que, pela primeira vez, promulgou um dogma inteiramente de sua autoria: o dogma da Imaculada Conceição de Maria, em 8 de dezembro de 1854.

tiplas formas de cometer o mal e nas insidiosas maquinações com as quais esses inimigos da verdade e da luz, esses espertíssimos artífices de enganos, esforçam em apagar do coração humano todo tipo de piedade, justiça e honestidade, corrompendo os costumes, desordenando todo tipo de direitos divinos e humanos, enfraquecendo, minando e antes, se podem, demolindo os fundamentos da religião católica e da sociedade civil.[31]

Nesse documento, Pio IX expressa a posição majoritária da Igreja católica romana diante da Modernidade. Segundo essa posição, a Modernidade caracteriza-se por "monstruosos erros" que levam à demolição dos "fundamentos da religião católica e da sociedade civil".

Para enfrentar os argumentos dos defensores da Modernidade, o papa Pio IX reivindica para a Igreja católica romana a autoridade dada exclusivamente a ela por Jesus Cristo:

> Essa autoridade viva e "infalível" vigora somente naquela Igreja que, edificada pelo Cristo Senhor sobre Pedro, cabeça, príncipe e pastor de toda a Igreja [...] sempre teve, sem interrupção, os seus legítimos pontífices, que remetem suas origens ao próprio Pedro, postos sobre a cátedra dele, herdeiros e defensores da doutrina, da dignidade, da honra e do poder do mesmo. Pois onde está Pedro, aí está a Igreja.[32]

O mesmo argumento de que a Igreja católica romana foi fundada por Jesus Cristo e que, por causa disso, ela é a verdadei-

---
[31] Pio IX. *Qui pluribus*, pp. 83-84.
[32] Ibidem, p. 86. As aspas que constam da palavra *infalível* estão no documento original.

ra Igreja de Cristo será utilizado pela instituição para fundamentar a sua posição diante das outras Igrejas e religiões.

Um outro documento importante na luta da Igreja católica romana contra a Modernidade será a carta encíclica *Quanta cura*, publicada pelo mesmo Pio IX em 8 de dezembro de 1864. Ao texto da carta encíclica foi anexado um elenco de oitenta proposições, conhecido como *Syllabus*,[33] que expressam, no pensamento desse papa, os principais erros do liberalismo e do racionalismo.

As proposições presentes no *Syllabus* são apresentadas na forma de frases condenadas por Pio IX.

Para compreender a posição da Igreja católica romana quanto ao pluralismo religioso na Idade Moderna, que durou até o Concílio Vaticano II, interessam-nos três condenações presentes no Syllabus:

[...]

15. Todo ser humano é livre de abraçar e professar aquela religião que, guiado pela luz da razão, considerar verdadeira.

16. Os seres humanos, ao cultuar qualquer religião, podem encontrar o caminho da salvação eterna e conseguir a eterna salvação.

18. O protestantismo nada mais é do que uma forma diferente da mesma verdadeira religião cristã, e nesta, como na Igreja católica, é possível agradar a Deus.[34]

Essas três proposições condenadas pela Igreja católica romana apontam para três afirmações da Modernidade: a) a defesa da liber-

---

[33] O *Syllabus* foi publicado em resposta a um congresso de eruditos católicos, em Munique, Alemanha, sob a liderança do teólogo Ignaz Von Döllinger. Esse e vários outros teólogos foram excomungados entre 1871 e 1872, pois suas posições eram contrárias à definição do dogma da infalibilidade papal, pelo Concílio Vaticano I (1869-1870).

[34] Pio IX. *Quanta cura*, pp. 263-264.

dade religiosa; b) qualquer religião leva o ser humano à salvação; e c) o protestantismo é expressão da verdadeira religião cristã.

Essas três afirmações estão na raiz da concepção de pluralismo religioso que será desenvolvida pela Modernidade. Enquanto, de um lado, se afirma a liberdade religiosa, de outro se afirma que todas as religiões têm densidade salvífica e, portanto, a sua legitimidade. Essas duas afirmações atingiram a Igreja católica romana: ao mesmo tempo que desmontavam a condição possuída por essa instituição de monopólio religioso, negavam o argumento de que a Igreja católica romana era a única verdadeira Igreja de Cristo.

Na sociedade européia, dois grandes fatos históricos desencadearam mudanças que criaram as condições necessárias para o desenvolvimento do pluralismo religioso: a Reforma Protestante, no século XVI, e a Revolução Francesa, no século XVIII. Enquanto a Reforma Protestante vai quebrar o monopólio de interpretação religiosa, possuído pela Igreja católica romana, a Revolução Francesa vai quebrar o seu monopólio político. De outra forma, enquanto a Reforma Protestante deu origem à pluralidade religiosa, possibilitando o surgimento de diversas Igrejas cristãs, a Revolução Francesa deu origem ao pluralismo religioso, possibilitando o reconhecimento da legitimidade dos diversos sujeitos religiosos.

No caso das Igrejas provenientes da Reforma Protestante, a sua posição diante da Modernidade foi de recepção e não de rejeição, como a da Igreja católica romana.

Um dos teólogos protestantes que procuraram dialogar com as grandes teses da Modernidade foi Friedrich Schleiermacher. Numa de suas obras, *Discursos sobre a religião dirigidos às pessoas cul-*

tas que a desprezam, de 1799, ele procura demonstrar que a religião tem um lugar importante na vida humana. Para ele,

> a religião não é um conhecimento, como pretendem tanto os racionalistas como os ortodoxos mais ferrenhos, tampouco é uma moral. A religião não se baseia na razão pura, tampouco na razão prática ou moral, mas no afeto.[35]

Em outra obra, *A doutrina da fé*, Schleiermacher explicita que esse afeto consiste em ser

> o sentimento profundo que nos permite tomar consciência de modo direto da existência daquele que é a base de toda a existência, tanto a nossa como a do mundo que nos rodeia. [...] esse afeto religioso toma forma específica em cada comunidade religiosa, cuja função é comunicar a experiência constitutiva da comunidade [...][36]

Para Schleiermacher, esse sentimento é, fundamentalmente, um sentimento de dependência da pessoa humana em relação a Deus, e a função da teologia é apresentar em que consiste esse sentimento de dependência.[37] A abordagem desse teólogo, declarando que a teologia não é conhecimento, permitiu que as afirmações centrais da doutrina cristã fossem apresentadas como afirmações que não se opunham às teses da ciência:

> A questão do modo exato por que Deus cria não tem importância nenhuma para a teologia, que pode deixá-la por conta da ciência. Porém, ao mesmo tempo, a ciência não pode tratar da criação em

---

[35] GONZALEZ, Justo L. Op. cit., p. 96.
[36] Ibidem, p. 97.
[37] Ibidem.

seu verdadeiro sentido, ou seja, como afirmação de que tudo quanto existe depende de Deus.[38]

Outro intelectual do mundo protestante que se esforçou para fazer o diálogo da teologia com as idéias da Modernidade foi George Wilheim Friedrich Hegel.

Hegel estava convencido de que o cristianismo era a "religião absoluta".[39] Para ele, isso se devia ao fato de que o cristianismo é a culminância das religiões,

> na qual se resume o pensamento que se foi desenvolvendo em todo o progresso religioso da humanidade. O tema fundamental da religião é a relação entre Deus e o ser humano. E essa relação chega ao seu ponto culminante na doutrina cristã da encarnação, em que Deus e o ser humano se unem completamente.[40]

O mesmo ocorre, segundo Hegel, com a idéia de Deus presente no cristianismo. Segundo ele, a doutrina da Trindade é a culminância da idéia de Deus. Para Hegel, a dialética trinitária manifesta-se em três momentos: Deus Pai é idéia eterna, em si e por si, independente da realidade racional, da criação. É o "reino do Pai"; o "reino do Filho" é o que chamamos de criação, que culmina com a encarnação; o "reino do Espírito" é o momento posterior à encarnação, à união entre Deus e a humanidade. "Tudo isso é o 'reino de Deus', que se realiza na história, na vida ética e na ordem do Estado."[41]

---

[38] Ibidem, p. 98.
[39] Ibidem, p. 99.
[40] Ibidem.
[41] Ibidem, p. 100.

Soren Kierkegaard foi outro intelectual que procurou responder às questões levantadas pela Modernidade à mentalidade religiosa. Segundo ele, o cristianismo é uma questão de fé, diferentemente do que afirmavam Schleiermacher e Hegel. E fé, para Kierkegaard, é "um risco, uma aventura, que necessariamente levará o ser humano à negação de si mesmo e dos gozos do mundo".[42]

O pensamento desses três autores aponta para o fato de que enquanto o catolicismo oficial não aceitou dialogar com as novas idéias da Modernidade, no protestantismo "as pessoas estavam mais bem preparadas para os novos tempos do que no catolicismo triunfalista".[43]

A reflexão feita até este momento, sobre as relações entre a Modernidade e o pluralismo religioso, mostrou que, no contexto da Idade Moderna, o pluralismo religioso não foi uma opção das próprias Igrejas.

Os posicionamentos da Igreja católica romana e do protestantismo com relação à Modernidade vão estar na raiz do posicionamento dessas correntes com relação ao pluralismo religioso.

Dessa forma, por razões parecidas, as posições básicas da Igreja católica romana e do protestantismo quanto às outras religiões serão muito semelhantes. Tanto a Igreja católica romana como o protestantismo negaram a legitimidade das outras religiões partindo do princípio de que só Cristo salva e, portanto, as outras religiões são imperfeitas, enquanto o cristianismo é a

---

[42] Idem, ibidem, p. 101.
[43] KÜNG, Hans. *Igreja católica*, p. 184.

religião que detém a verdade revelada por Deus. O exclusivismo católico afirmava que a Igreja católica romana era aquela que tinha sido fundada por Jesus Cristo e que, por isso, era a única que detinha a delegação de Deus para falar aos seres humanos.

QUESTÕES

1) Qual a relação entre pluralismo religioso e secularização na Modernidade?
2) Qual a importância da Modernidade para a construção do pluralismo religioso?

EXCERTOS DE TEXTOS

Texto n. 1: O conceito de pluralismo religioso

É importante esclarecer o conceito de pluralismo religioso, já que pluralismo pode ser compreendido de diversas maneiras. Uma primeira distinção a ser feita é entre pluralidade e pluralismo religioso. Com o primeiro conceito nos referimos à existência, em uma determinada sociedade, de grupos religiosos diferentes com oportunidades para a ação. O pluralismo religioso é um conceito mais amplo e aponta para as relações sociais entre Estado, sociedade civil e atores religiosos. Isto supõe relações legais, jurídicas e simbólicas que levam à existência de diversos grupos religiosos com possibilidade real de crescimento e expansão. Essas relações são construídas historicamente e buscam evitar um poder religioso único ou dominante que impeça o desenvolvimento de seus concorrentes seja quais forem estes. Pluralismo aparece assim em um momento determinado de uma sociedade, como uma circunstância e um processo — com avanços e retrocessos — em contínua redefinição visto que seus limites como seus atores estão em constantes mudanças.

Dado que a definição de pluralismo é construída socialmente, é necessário analisá-la em contextos concretos e em momentos históricos precisos visto que a possibilidade de "ser ator religioso legítimo" se constrói e desconstrói social e simbolicamente (BORDIEU, 1971).

A pluralidade religiosa pode ou não transformar-se em pluralismo já que este supõe concepções de estado, sociedade e indivíduo que façam da diversidade parte fundamental das relações sociais. Certa concepção evolutiva da história supôs que se tratava de etapas que levavam irremediavelmente de uma a outra. Além disso, a concepção de pluralismo religioso vai associada à compreensão que se tenha sobre o processo de secularização e globalização (ROBERTSON, 1994). Entendida a secularização como lenta e inexorável perda do religioso na sociedade dado o avanço científico, o pluralismo religioso seria experiência de "notáveis" e pessoas religiosas "adultas". Entendido como processo em que o religioso não desaparece, mas que está em contínua reestruturação sob a influência da modernidade, o pluralismo tende a expandir-se desde a religião dominada por especialistas até o autoconsumo religioso (HERVIEU LEGER, 1993).

Nas sociedades atuais de América Latina, vivemos um processo de pluralismo crescente dada a coexistência de "distintos sistemas semânticos em concorrência" (MC GUIRE, 1982) e a lenta perda de peso da legitimação religiosa de normas e valores sociais impostos por instituições religiosas históricas. A formação das identidades culturais deixa de ser única e unívoca para tornar-se híbrida e flexível (García Canclini, 1995).

Estudar o pluralismo religioso é conhecer o mercado de bens simbólicos de "salvação" atual e as mudanças que historicamente estão sendo produzidas. Diversificação e extensão marcam a diferença entre o atual e o passado. Diversificação e complexificação dado que a "oferta legítima" já não se reduz às experiências institucionais cristãs, judias e islâmicas, mas hoje incluem crenças indígenas, negras e outros tipos de experiências doadoras de sentido e extensão dado que os limites do religiosos foi se diluindo em outros campos [...] e supera o espaço do nacional para ter "produções" internacionais.[44]

BIBLIOGRAFIA SUGERIDA

Brandão, C. R. A crise das instituições tradicionais produtoras de sentido. In: Moreira, A. & Zicman, R. *Misticismo e novas religiões*. Petrópolis-Bragança Paulista, Vozes-USF/Ifan, 1994.

Sanchis, P. O repto pentecostal à "cultura católico-brasileira". In: VV.AA. *Nem anjos, nem demônios*: interpretações sociológicas do pentecostalismo. Petrópolis, Vozes, 1994.

---

[44] Fortunato Mallimaci, Apuntes para una comprension de la pluralidad, diversid y pluralismo en el campo religioso en el siglo XIX y XX, pp. 2-3. Tradução para o portugués de Wagner Lopes Sanchez.

O DIÁLOGO INTER-RELIGIOSO

OBJETIVOS

- Examinar o diálogo inter-religioso como uma possibilidade de concretização do pluralismo religioso surgido na Modernidade.
- Estudar as principais posições teológicas presentes, hoje, no campo religioso, que dizem respeito ao diálogo inter-religioso.

SUBSÍDIOS PARA APROFUNDAMENTO

1

Antes de apresentar um conceito de diálogo inter-religioso, quero recorrer a dois outros conceitos que são fundamentais para a existência desse diálogo: flexibilidade e dialogicidade.

A flexibilidade é a capacidade que uma religião tem de

> movimentar-se no campo religioso, atendendo às diversas expectativas daqueles e daquelas que buscam responder às suas inquietações de ordem religiosa.

A dialogicidade da religião é definida como sendo o potencial de uma religião em dialogar com as mudanças mais gerais em curso na sociedade, sobretudo aquelas que afetam o campo religioso, e em incorporar elementos de outras expressões religiosas num processo de mixagem religiosa.[1]

De outra forma,

enquanto a expressão flexibilidade da religião refere-se à relação da religião com as expectativas dos sujeitos que aderem a uma concepção religiosa de mundo, a expressão dialogicidade da religião refere-se à relação da mesma com outros atores religiosos e com a sociedade inclusiva.[2]

A existência do pluralismo religioso e, portanto, do diálogo entre os diversos sujeitos, numa determinada sociedade, vai depender da flexibilidade e da dialogicidade existente no interior do campo religioso. Um campo religioso onde a flexibilidade e a dialogicidade inexistem não favorecerá a existência do diálogo entre as várias religiões existentes.

As razões para a existência da flexibilidade e da dialogicidade estão no interior de cada expressão religiosa e dependem dos seguintes aspectos:

— *Posição predominante dos leigos na produção dos bens religiosos.* Quando a produção religiosa tem como eixo central a presença dos leigos, a flexibilidade e a dialogicidade da religião serão bastante favorecidas.

---

[1] SANCHEZ, Wagner Lopes. *(Des) Encontros dos deuses...* p. 107.
[2] Ibidem, p. 107.

- *Representatividade dos diversos segmentos sociais na religião, Igreja ou grupo religioso.* Quanto maior a representatividade dos diversos segmentos sociais no interior da religião, da Igreja ou de um grupo religioso, maior será o grau de flexibilidade e dialogicidade desta.
- *Vínculos mais flexíveis da religião com a tradição.* A inexistência de vínculos estreitos com uma certa tradição religiosa, ou a existência de uma relação mais maleável com esta, facilita a flexibilidade e a dialogicidade da religião no campo religioso e na sociedade inclusiva.
- *Concepção menos rígida do poder religioso.* A existência, no interior de uma religião, Igreja ou grupo religioso, de uma concepção de poder religioso como poder que está diluído entre os seus membros contribui para a flexibilidade e dialogicidade.
- *A autocompreensão da relatividade do seu lugar no campo religioso.* A autocompreensão do campo religioso como um campo plural onde a sua posição e a dos outros atores religiosos são relativizadas permite maior flexibilidade e dialogicidade da religião, Igreja ou grupo religioso.[3]

Em virtude dessas características, podem ser encontradas, num mesmo campo religioso que tenha como eixo o pluralismo, quatro tipos de expressões religiosas, de acordo com o seu posicionamento diante das outras:

- Expressões religiosas que possuem discursos favoráveis ao diálogo e práticas nem sempre condizentes com os mesmos discursos.

---

[3] Ibidem, pp. 108-109.

- Expressões religiosas que estabelecem, com facilidade, o diálogo e a aproximação com outras expressões religiosas e visões de mundo.
- Expressões religiosas que selecionam, não explicitamente, os parceiros de diálogo, estabelecendo para isso determinados critérios exclusivistas.
- Expressões religiosas que se negam terminantemente a dialogar com outras expressões religiosas.[4]

Convém destacar que essas distinções constituem tipos ideais, o que significa, na realidade concreta, que elas podem estar mescladas, por isso encontramos Igrejas, religiões e grupos religiosos que assumem uma dessas posições e outros que podem ter, dentro de si, o conjunto dessas posições.

A reflexão desenvolvida até aqui permite delimitar o conceito de diálogo inter-religioso, que compreende os diversos esforços de aproximação entre as diversas religiões tanto do ponto de vista do discurso como também do das práticas destas, visando, em última instância, à cooperação para a convivência pacífica e à solução dos grandes problemas humanos.

Esse conceito aponta para duas perspectivas. A primeira é aquela que diz respeito ao próprio diálogo e que engloba discursos e práticas dos sujeitos religiosos envolvidos. Nesse caso, temos de levar em conta os mecanismos utilizados para a aproximação entre os sujeitos religiosos. A coerência entre o discurso e a prática é fundamental para o sucesso do diálogo. A segunda perspectiva é aquela que diz respeito à cooperação entre as

---

[4] Ibidem, p. 110.

religiões para a convivência pacífica e a solução dos grandes problemas humanos.

A abertura de uma religião para o diálogo inter-religioso e, como decorrência, para a convivência pacífica e para cooperação é, atualmente, um dos critérios utilizados na sociedade ocidental para reconhecer a legitimidade desta. Uma religião que não aceita dialogar e que é intolerante em suas posições tem dificuldade para ser reconhecida. Num mundo plural, que não admite mais a posição hegemônica de uma ou outra religião e que defende a liberdade religiosa, a abertura para o diálogo inter-religioso é fundamental para a consolidação do pluralismo religioso.

Além disso, a possibilidade do diálogo inter-religioso está ancorada num dos valores da Modernidade: o diálogo entre os sujeitos e o reconhecimento da legitimidade destes. Dessa forma, ao afirmarmos a necessidade do diálogo inter-religioso, estamos afirmando um dos valores da Modernidade, que é aquele relativo ao diálogo entre os diversos sujeitos envolvidos.

Três dos pressupostos do pluralismo religioso apontados no capítulo II são fundamentais para a existência do diálogo inter-religioso: a) a ruptura do monopólio religioso; b) a pluralização de cosmovisões; e c) a relativização de certezas. Esses três pressupostos exigem a afirmação da igualdade entre os parceiros presentes no cenário da sociedade.

No caso do campo religioso, afirmar a importância do diálogo inter-religioso é consolidar, fundamentalmente, a igualdade entre os parceiros do diálogo e entre os diversos sujeitos presentes, o que não significa que cada um dos parceiros tenha de abandonar suas convicções pessoais inseridas na sua tradição religiosa.[5] Assim, é preciso ir além do dilema: absolutização das convicções pessoais ou relativização destas.

Küng propõe uma alternativa para esse dilema. Para ele, a afirmação de que uma religião é verdadeira para um dos parceiros não significa negar a verdade presente em outras religiões. Como teólogo cristão, ele afirma que "esta verdadeira religião — o cristianismo —, para mim e para outros cristãos, não exclui a verdade de outras religiões, mas as valoriza de modo positivo..."[6]

A alternativa proposta por Küng consiste, portanto, em afirmar que uma tradição religiosa pode ser verdadeira para mim e, ao mesmo tempo, reconhecer a legitimidade de outras visões religiosas dentro de certos critérios. Segundo Küng, são três os critérios:

1) *Critério ético geral*: o humano. É um critério externo que consiste em estabelecer aquilo que possibilita que o ser humano seja verdadeiramente humano.
2) *Critério religioso geral*. É um critério interno que se refere à autenticidade ou canonicidade de uma religião.
3) *Critério especificamente cristão*. Segundo esse critério, uma religião é verdadeira ou boa, em sua teoria e em sua práxis, se deixa sentir o Espírito de Jesus Cristo.[7]

O segundo e o terceiro critérios apresentam problemas que não temos condições de examinar detalhadamente aqui. No caso do segundo, critério religioso geral, Küng afirma que ele pode ser aplicado às grandes religiões, "embora em algumas tenha

---

[5] Cf. TEIXEIRA, Faustino. *Teologia das religiões. Uma visão panorâmica*, pp. 212-213.
[6] KÜNG, Hans. *Teologia a caminho. Fundamentação para o diálogo ecumênico*, pp. 289-290.
[7] Ibidem, pp. 274-288.

menos força", como é o caso do hinduísmo.[8] Se mesmo no caso das grandes religiões esse critério pode ter restrições, isso dificulta a sua aplicação. Podemos pensar nas religiões de tradição oral, em que não é colocada a questão da canonicidade em virtude de essas religiões não terem escrituras consideradas sagradas. No caso do terceiro critério, o especificamente cristão, ele pode cair na defesa da mensagem cristã como parâmetro e, de certa forma, levar à chamada posição inclusivista, que será examinada em um próximo momento deste capítulo.

Em virtude dos problemas presentes no segundo e no terceiro critérios, penso que o primeiro critério é aquele que tem mais pertinência e possibilita um diálogo mais amplo com os diversos sujeitos religiosos. Hoje, mais do que nunca, é necessário resgatar a centralidade do humano na sociedade. Esse resgate tem, mesmo, uma dimensão profética. A um só tempo, trata-se de anunciar o humano como critério ético fundamental para a compreensão da vida e denunciar todas as situações que se opõem a esse critério e que levam ao dilaceramento da humanidade.

Assim, falar em diálogo inter-religioso, hoje, é afirmar a centralidade da vida e adotar esse enunciado como ponto de partida e como ponto de chegada do diálogo inter-religioso, o qual terá relevância social na medida em que avançar além das sutilezas teológicas e propor a defesa da vida como referência para a compreensão da história. Concomitantemente, a relevância de uma religião será dada pela sua defesa da vida e pelo seu esforço em torná-la mais humana:

---
[8] Ibidem, p. 281.

Qualquer que seja nosso juízo sobre a situação das religiões na sociedade moderna e pós-moderna, a colaboração mútua em favor da vida fará aflorar, mais cedo ou mais tarde, a problemática da justificação própria trazida por cada religião, para estar aí comprometida.[9]

O diálogo inter-religioso leva a um patamar de convivência que vai além da tolerância: ela envolve discursos e práticas que levam ao reconhecimento da legitimidade das várias religiões, tendo como referência a vida humana.

2

Diante da existência de um campo religioso bastante plural, quero examinar duas grandes posições diante das religiões. De um lado, a posição do budismo e, de outro, a posição do cristianismo por meio da chamada teologia das religiões.

No caso do budismo, é importante conhecermos como essa religião entende as outras por três razões:
- O budismo, atualmente, tem grande influência sobre muitos dos novos movimentos religiosos de origem oriental presentes na sociedade brasileira.
- Atualmente presenciamos uma procura muito grande de literatura dessa religião com ênfase para um autor, Dalai-Lama.
- O budismo é considerado, freqüentemente, como uma religião que tem como um dos seus ícones a tolerância religiosa e cultural.

---

[9] MIRANDA, Mário de França. A afirmação da vida como questão teológica para as religiões, p. 101.

A escolha do cristianismo é explicada por duas razões:
- O cristianismo ainda é a religião predominante no Brasil e no Ocidente.
- O cristianismo é a religião que elaborou uma teologia da religião que procura examinar, a partir da fé cristã, a pertinência do diálogo inter-religioso.

A posição do budismo

Para examinar a posição do budismo, quero recorrer ao pensamento de um líder budista, Dalai-Lama, muito conhecido no Ocidente e com uma trajetória bastante reconhecida na luta pela paz.[10]

Leonardo Boff, em uma de suas obras, descreve um diálogo que teve com Dalai-Lama num evento internacional sobre religião e paz e que interessa para a compreensão da posição budista. Vale a pena apresentar o texto na sua íntegra para podermos analisá-lo:

> Já que nos referimos várias vezes ao Dalai-Lama, permito-me confidenciar um pedaço de conversa que entretive com ele, há alguns

---

[10] Dalai-Lama é o 14º Dalai-Lama Tenzin Gyatso. Ele é considerado a 14ª reencarnação do príncipe Chenrezig, o Avalokitesvara, o portador do lótus branco, que representa a compaixão, e é o líder espiritual e temporal do Tibete, no exílio. Em 1950, depois de longa preparação, assumiu o poder político. Nesse mesmo ano, a China invadiu o Tibete. Em 1959, depois do fracasso de uma rebelião nacionalista no Tibete, contra o governo chinês, exila-se na Índia. Desde 1960, Dalai-Lama reside em Dharamsala, Índia, a sede do governo tibetano no exílio. Em 1989, ganhou o Prêmio Nobel da Paz, em reconhecimento pela sua luta pacifista para acabar com a dominação chinesa no Tibete.

anos... No intervalo de uma mesa-redonda sobre religião e paz entre os povos, da qual ambos participávamos, eu, maliciosamente, mas também com interesse teológico, lhe perguntei em meu inglês capenga:

— Santidade, qual é a melhor religião?

Esperava que ele dissesse: "É o budismo tibetano" ou "são as religiões orientais, muito mais antigas do que o cristianismo".

Dalai-Lama fez uma pequena pausa, deu um sorriso, me olhou bem nos olhos — o que me desconcertou um pouco, porque eu sabia da malícia contida na pergunta — e afirmou:

— A melhor religião é aquela que te faz melhor.

Para sair da perplexidade diante de tão sábia resposta, voltei a perguntar:

— O que me faz melhor?

E ele respondeu:

— Aquilo que te faz mais compassivo [...], aquilo que te faz mais sensível, mais desapegado, mais amoroso, mais humanitário, mais responsável... A religião que conseguir fazer isso de ti é a melhor religião.[11]

Esse diálogo de Leonardo Boff sintetiza, *grosso modo*, a posição budista a respeito das religiões e apresenta um critério para avaliá-las. Segundo Dalai-Lama, a melhor religião é aquela que faz a pessoa humana ser mais humana, ou seja, aquela que faz alguém ser mais humano. É o critério ético proposto por Küng, como vimos no item anterior.

Na mesma linha de argumentação, o respeito que Dalai-Lama nutre às diversas religiões fundamenta-se no fato de que as reli-

---

[11] BOFF, Leonardo. *Espiritualidade. Um caminho de transformação*, pp. 45-46.

giões possibilitam ao ser humano desenvolver o que ele tem de melhor:

> Respeito todas as religiões, uma vez que seus objetivos são idênticos: permitir ao ser humano desenvolver o que tem de melhor em si. Elas indicam o caminho da paz interior. Suas diferenças dogmáticas dependem das culturas e das civilizações que as viram nascer.[12]

A diversidade religiosa, segundo Dalai-Lama, responde a uma variedade de pessoas com diferentes visões a respeito da vida:

> [...] como sou monge budista, considero o budismo o mais conveniente. Para mim, concluí que o budismo é o melhor. Mas isso não significa que o budismo é o melhor para todo o mundo. [...] Se eu acreditasse que o budismo é o melhor para todos, seria uma tolice, porque pessoas diferentes têm disposições mentais diferentes. Portanto, a variedade das pessoas exige uma variedade de religiões.[13]

Há dois pressupostos presentes nessa afirmação de Dalai-Lama. Para ele, o budismo é a religião mais conveniente, mas não nega a legitimidade das outras religiões como detentoras de sentido para a vida dos seus praticantes. Por outro lado, ele afirma que a diversidade religiosa é necessária e ela responde às diferenças existentes entre as pessoas: "O objetivo da religião é beneficiar as pessoas. Eu creio que, se tivéssemos apenas uma religião, depois de algum tempo ela deixaria de beneficiar muita gente".[14]

---
[12] BARRY, Catherina. *Sábias palavras do Dalai-Lama*, p. 176.
[13] DALAI-LAMA & CUTLER, Howard C. *A arte da felicidade*, p. 353.
[14] Ibidem, p. 333.

Segundo Dalai-Lama, a diversidade de religiões deve ser celebrada e apreciada como um valor bastante positivo.[15]

E o argumento que Dalai-Lama apresenta como pressuposto para respeitar as religiões é a ética. As religiões fornecem referências éticas importantes para a vida humana: "Um motivo para respeitar essas outras tradições é que todas elas podem fornecer uma estrutura ética que pode comandar nosso comportamento e ter efeitos positivos".[16]

Referindo-se à necessidade de respeitar as demais pessoas, Dalai Lama apresenta um argumento que pode muito bem ser utilizado para justificar a necessidade de respeitar as outras religiões:

> Se o nosso bem e o bem dos outros fossem inteiramente desvinculados e independentes entre si, poderíamos encontrar alguma justificativa para negligenciar o bem dos outros. Mas esse não é o caso. Estou sempre vinculado aos outros e sou profundamente dependente deles: sendo uma pessoa comum, estando no caminho e até mesmo depois de atingir o estado resultante. Pensando assim, a importância de trabalhar pelo bem dos outros emerge naturalmente.[17]

E o caminho para construir o respeito mútuo entre as diferentes religiões, segundo Dalai-Lama, é a aproximação entre os fiéis das diferentes religiões:

> Para mim, a única forma de reforçar esse respeito mútuo é através do contato mais íntimo entre os fiéis das diferentes religiões — contato pessoal. [...] Por meio desse contato mais íntimo, podemos tomar conhecimento das contribuições valiosas que essas religiões

---

[15] Ibidem.
[16] Ibidem, p. 334.
[17] DALAI-LAMA. *O mundo do budismo tibetano*, pp. 128-129.

fizeram à humanidade e descobrir aspectos úteis das outras tradições, com os quais podemos aprender.[18]

E Dalai-Lama propõe uma "agenda" para a aproximação entre as religiões:

> Fazer um esforço comum em prol da humanidade. A religião deveria ser um remédio destinado a ajudar a reduzir o conflito e o sofrimento no mundo, não outra fonte de conflito.[19]

O conceito que está subjacente ao argumento utilizado por Dalai-Lama é o da interexistência. Esse conceito aponta para a interdependência existente entre todos os seres vivos.[20]

Na mesma direção, num outro texto, Dalai-Lama afirma:

> Nenhuma religião deveria ser fonte de discórdias, de conflitos ou, pior ainda, de guerras. Nem no interior de sua própria obediência, nem contra pessoas ligadas a outros credos.[21]

A posição do cristianismo

As diferentes configurações existentes no interior do cristianismo não permitem apresentar posições unívocas a respeito de diversos temas, sobretudo no caso das religiões não-cristãs.

Na realidade, existem três posições básicas que, ao longo da história, foram sendo construídas pelas Igrejas cristãs. É importante ressaltar que a ordem de apresentação reflete a ordem his-

---

[18] DALAI-LAMA & CUTLER, Horward C. Op. cit., p. 335.
[19] Ibidem.
[20] A esse respeito, ver: HANH, Thich Nhat. *A essência dos ensinamentos de Buda*, pp. 260-290.
[21] BARRY, Catherina. *Sábias palavras do Dalai-Lama*, p. 180.

tórica de desenvolvimento destas, embora possamos encontrar, ainda hoje, como será visto, essas diferentes posições presentes no cristianismo.

A posição exclusivista

A primeira posição cristã a respeito das demais religiões é aquela conhecida como exclusivista. Essa posição encontra pressupostos diferentes no catolicismo e no protestantismo, embora, fundamentalmente, afirme a exclusividade do cristianismo como caminho para a salvação humana. Assim, nessa perspectiva, somente o cristianismo é capaz de salvar, por isso todas as outras religiões são vistas de forma negativa.

No caso do catolicismo, essa posição expressa-se na defesa da Igreja católica romana como única instituição portadora dos meios necessários à salvação. A formulação que expressou muito bem essa posição foi "extra ecclesiam nulla salus" (fora da Igreja não há salvação). Nessa perspectiva, a salvação está condicionada ao conhecimento explícito de Jesus Cristo e à pertença à Igreja católica.[22]

Essa afirmação, que se originou nos primeiros séculos da era cristã, com Orígenes, Cipriano e Agostinho, foi definida pelo IV Concílio de Latrão (1215) e reafirmada pelo Concílio de Florença (1442) da seguinte forma:

> A santa Igreja romana [...] crê firmemente, confessa e prega que ninguém *fora da Igreja católica*, não apenas os pagãos, mas também os

---

[22] Cf. TEIXEIRA, Faustino. Op. cit., p. 37.

judeus, hereges e cismáticos, não podem entrar na vida eterna. Todos vão para *o fogo eterno*, "preparado para o diabo e para os seus anjos" (Mt 25,41), caso não se incorporem antes de sua morte a ela (a Igreja católica).[23]

Esse foi o argumento utilizado pela Igreja católica romana para enfrentar o movimento da Reforma Protestante. Foi a forma encontrada pela instituição para deslegitimar a posição protestante, que propunha uma alternativa em termos de eclesiologia, de teologia e de liturgia.

Tal posição levou a Igreja católica romana a afirmar um eclesiocentrismo que ainda hoje paira como sombra sobre essa instituição e a negar a validade não só das igrejas originadas da Reforma, mas também das demais religiões.

Do ponto de vista teórico, a posição exclusivista foi o sustentáculo da posição hegemônica exercida pelo catolicismo durante toda a Idade Média e, em alguns países, mesmo durante a Modernidade.

O Concílio Vaticano II significou a consolidação do abandono da posição exclusivista dentro da Igreja católica romana. No entanto, como afirma Teixeira, antes do Concílio Vaticano II, o Santo Ofício já havia rejeitado essa posição em carta endereçada ao arcebispo de Boston, na qual condenava a posição exclusivista do padre jesuíta Leonard Feeney, que, por causa disso, foi excomungado em 1953.[24]

Em contraposição ao eclesiocentrismo defendido pela Igreja católica romana, a posição exclusivista no protestantismo expressa-se no cristocentrismo.

---

[23] DENZINGER, Hermann. Apud KÜNG, Hans. Op. cit., pp. 265-266.
[24] Cf. TEIXEIRA, Faustino. Op. cit., p. 39.

A posição protestante vai afirmar a exclusividade de Jesus Cristo na salvação. Segundo essa posição, Deus revelou-se plena e exclusivamente em Jesus e fora dele não há revelação e salvação.[25]

Como explica Teixeira, Karl Barth foi o teólogo que, reagindo à teologia liberal protestante, procurou fundamentar a posição exclusivista fazendo uma distinção entre revelação e religião. Para Barth, na revelação é Deus quem se manifesta ao ser humano; na religião, é o ser humano que busca Deus.[26] Assim,

> o cristianismo, enquanto religião (expressão humana e fenômeno histórico), é também marcado pela "incredulidade"; mas enquanto fé, "religião da revelação", é igualmente "a verdadeira religião". É a verdadeira religião pela presença de Jesus, que constitui o único caminho de acesso ao conhecimento de Deus. Portanto, fora de Jesus Cristo não há revelação nem salvação.[27]

Católicos e protestantes vêem o exclusivismo com paradigmas diferentes, embora a estrutura do argumento seja a mesma. Enquanto o paradigma católico fundamenta-se na centralidade da Igreja católica romana — o eclesiocentrismo —, o paradigma protestante está baseado na figura de Jesus Cristo — o cristocentrismo.

Com todos os limites da posição exclusivista, a versão protestante significou um avanço em relação à posição católica por duas razões: por afirmar a centralidade de Jesus Cristo no mistério cristão[28] e por permitir o reconhecimento das diversas igrejas cristãs e fundamentar o ecumenismo.

---

[25] Ibidem, p. 42.
[26] Ibidem, p. 41.
[27] Ibidem, p. 42.
[28] Cf. DUPUIS, Jacques. *Rumo a uma teologia cristã do pluralismo religioso*, p. 259.

Essa mudança de paradigma, para a qual a contribuição da teologia protestante foi decisiva, está na raiz de uma outra posição, a inclusivista.

A posição inclusivista

O ponto de partida, portanto, da posição inclusivista é o cristocentrismo. Essa posição opera o descentramento da Igreja e o recentramento na figura de Jesus Cristo evitando, assim, "tendências eclesiológicas maximalistas", e recolocando no centro da teologia a função de Jesus Cristo na salvação e, em segundo plano, a função da Igreja.[29]

No âmbito da Igreja católica romana, essa posição foi assumida pelo Concílio Vaticano II. O Concílio aprovou a declaração *Nostra aetate*, sobre as relações da Igreja com as religiões não-cristãs, documento que contém, em linhas gerais, a posição que tem orientado a ação da Igreja católica romana diante das outras religiões:

> A Igreja católica não rejeita nada que seja verdadeiro e santo nestas religiões. Considera com sincero respeito esses modos de agir e viver, esses preceitos e doutrinas, que, embora em muitos pontos difiram do que ela mesma crê e propõe, não raro refletem um raio daquela verdade que ilumina todos os homens. No entanto, ela anuncia e é obrigada a anunciar a Cristo, que é "caminho, verdade e vida" (Jo 14,6), no qual os homens encontram a plenitude da vida religiosa e no qual Deus reconciliou a si todas as coisas (cf. *NA* 2,2).[30]

---

[29] Ibidem.
[30] De agora em diante, os números citados entre parênteses referem-se à numeração oficial dos documentos eclesiásticos.

Há, nesse documento, duas afirmações: a) a Igreja católica romana não rejeita o que é verdadeiro e santo nas outras religiões e b) em Cristo "os seres humanos encontram a plenitude da vida religiosa e no qual Deus reconciliou a si todas as coisas".

Esse parágrafo sintetiza muito bem a posição inclusivista no âmbito da Igreja católica romana. Ela afirma a centralidade de Jesus Cristo no mistério da salvação não só para os cristãos, mas também para toda a humanidade. Jesus Cristo é a condição *sine qua non* para que as demais religiões sejam vias de salvação para os seus membros.

Assim, as demais religiões salvam por causa de Jesus Cristo e não porque manifestam por si mesmas a salvação. Em outras palavras, embora essa posição represente um avanço em relação ao exclusivismo, ela nega às demais religiões autonomia e legitimidade própria. A legitimidade das demais religiões é uma legitimidade derivada da ação salvífica de Jesus Cristo. Afirma-se, desta forma, o caráter absoluto do cristianismo em contraposição às religiões não-cristãs que são deficientes e incompletas.[31]

Entre os teólogos que assumem a posição inclusivista existem diferentes ênfases, dependendo da forma como encaram o cristocentrismo.

É importante ressaltar que, no caso do catolicismo, o inclusivismo é, atualmente, a diretriz que tem orientado as diferentes posições a respeito das outras religiões.[32]

---

[31] Cf. TEIXEIRA, Faustino. Op. cit., p. 57.
[32] Um documento que destoou dessa posição de inclusivismo aqui referida foi a declaração *Dominus Iesus*, sobre a unicidade e universalidade salvífica de Jesus Cristo e da Igreja, publicada no ano 2000 pela Congregação para a Doutrina da Fé, órgão da Santa Sé.

No caso do mundo protestante, a teologia de Barth sobre as religiões cristãs encontrou diversas reações. Uma dessas reações ficou conhecida como teologia de centro ou *Mainline* e propôs uma releitura positiva das religiões sem abrir mão do cristocentrismo, distanciando-se tanto do exclusivismo de Barth como da teologia liberal.

A posição pluralista

A teologia das religiões tem procurado, no entanto, transitar de uma posição cristocentrista para uma teocentrista.

O conceito "pluralismo" nasce justamente dessa concepção e afirma a validade das muitas "vias" ou "figuras salvíficas" que conduzem a Deus, em vez da "única mediação universal e constitutiva de Jesus Cristo".[33] Nessa perspectiva, as diferentes religiões são vias variadas que conduzem a Deus e, por isso, têm a mesma validade. O argumento que fundamenta tal posição é o seguinte:

> Se o cristianismo procura, sinceramente, um diálogo com as outras tradições religiosas [...] deve, antes de tudo, renunciar a qualquer pretensão de unicidade para a pessoa e a obra de Jesus Cristo enquanto elemento constitutivo universal da salvação.[34]

Embora no âmbito da posição pluralista existam diversas nuanças, há um fio condutor entre os diferentes teólogos que

---

Esse documento assumiu uma posição exclusivista diante das outras Igrejas cristãs e das demais religiões e representou um retrocesso na caminhada ecumênica e do diálogo inter-religioso da Igreja católica romana.

[33] DUPUIS, Jacques. Op. cit., p. 260.
[34] Ibidem.

assumem essa posição. O que há de comum entre os defensores dessa posição é aquilo que, segundo Dupuis, está no centro dela, "Deus e apenas ele".[35]

A posição do pluralismo nasce do esforço de tantos teólogos de construir um referencial teórico que, num mundo com grande diversidade religiosa, possibilite um diálogo sincero do cristianismo com as outras religiões.

Como é possível perceber, o grande desafio que se coloca para o cristianismo é, justamente, a questão cristológica. Se a centralidade de Deus possibilita um maior diálogo com as outras religiões,[36] traz desafios para a visão cristocêntrica presente no cristianismo, pois relativiza o significado universal da figura de Jesus Cristo e, portanto, do cristianismo.

Diante das diversas controvérsias existentes no interior da posição pluralista, Dupuis propõe como saída,

> em primeiro lugar, [...] reconhecer honestamente que comunidades religiosas diferentes propõem, de fato, objetivos diferentes para a vida humana e, em segundo lugar, admitir a legitimidade dessas pretensões do ponto de vista da fé que elas têm. Que a teologia cristã interprete os outros objetivos nos termos da sua compreensão específica é normal e legítimo; mas igualmente normal e legítimo é também o inverso. E, em nenhum momento, uma interpretação deve tornar-se exclusiva da outra.[37]

---

[35] Ibidem.
[36] O caso do budismo é uma exceção. O budismo é uma religião que prescinde da crença em Deus. A esse respeito, ver: CNBB. *Guia para o diálogo inter-religioso*, p. 101. DALAI-LAMA & CARRIÈRE, Jean-Claude. *A força do budismo*, pp. 64-88.
[37] DUPUIS, Jacques. Op. cit., p. 281.

Dessa forma, o ponto de partida de uma posição pluralista deve ser o de reconhecer, de um lado, a diversidade de visões de mundo presentes nas diferentes religiões e, de outro, a legitimidade dessas visões a partir da fé que essas religiões possuem.

Reconhecer a legitimidade das outras religiões como mediações da salvação de Deus não implica, necessariamente, abandonar a normatividade de Jesus presente no cristianismo.[38] Aliás, o próprio testemunho de Jesus, segundo os evangelhos,

> requer que se espere que Deus atue na vida dos seres humanos em uma pluralidade de formas exteriores a Jesus e à esfera cristã. [...] Por conseguinte, de uma perspectiva cristã [...] o cristão deve considerar que Deus acerca-se de todos os seres humanos em graça.[39]

Afirmar a centralidade de Jesus e a sua normatividade para o cristianismo não exclui a possibilidade de reconhecer a presença salvífica de Deus nas outras religiões, que pode manifestar-se de várias formas.[40]

QUESTÕES

1) Qual o pressuposto que está subjacente à posição budista a respeito das outras religiões?
2) Qual o lugar do paradigma teocentrista na posição pluralista?

---

[38] Cf. HAIGHT, Roger. *Jesus, símbolo de Deus*, p. 472.
[39] Ibidem, p. 473.
[40] Ibidem, p. 477.

EXCERTOS DE TEXTOS

Texto n. 1: *A declaração* Dominus Iesus

Para fazer frente a essa mentalidade relativista, que se vai difundindo cada vez mais, deve-se reafirmar, acima de tudo, o caráter definitivo e completo da revelação de Jesus Cristo. Deve-se, de fato, *crer firmemente* na afirmação de que no mistério de Jesus Cristo, Filho de Deus encarnado, que é "o caminho, a verdade e a vida" (cf. Jo 14,6), dá-se a revelação da plenitude da verdade divina [...] (cf. n. 5).

É, por conseguinte, contrária à fé da Igreja a tese que defende o caráter limitado, incompleto e imperfeito da revelação de Jesus Cristo, que seria complementar à que está presente nas outras religiões. A razão de fundo de tal afirmação basear-se-ia no fato de a verdade sobre Deus não poder ser compreendida nem expressa na globalidade e inteireza por nenhuma religião histórica e, portanto, nem pelo cristianismo, nem sequer por Jesus Cristo.

Semelhante posição está em total contradição com as precedentes afirmações de fé, segundo as quais temos em Jesus Cristo a revelação plena e completa do mistério salvífico de Deus [...] (cf. n. 6).

Deve-se, portanto, *crer firmemente* como verdade de fé católica que a vontade salvífica universal de Deus Uno e Trino é oferecida e realizada de uma vez para sempre no mistério da encarnação, morte e ressurreição do Filho de Deus.

Tendo presente este dado de fé, a teologia hoje, meditando sobre a presença de outras experiências religiosas e sobre seu significado no plano salvífico de Deus, é convidada a explorar se é possível e como figuras e elementos positivos de outras religiões entram nesse mesmo plano [...] (cf. n. 14).

Desde o início, efetivamente, a comunidade dos crentes atribuiu a Jesus um valor salvífico de tal ordem, que apenas Ele, como Filho de Deus feito homem, crucificado e ressuscitado, por missão recebida do Pai e no poder do Espírito Santo, tem por finalidade dar a revelação (cf. Mt 11,27) e a vida divina (cf. Jo 1,12; 5,25-26; 17,2) a toda humanidade e a cada homem [..] (cf. n. 15).[41]

Texto n. 2: A posição teológica pluralista sobre as religiões

Como se pode demonstrar que a situação do pluralismo religioso é um fator positivo, e não algo que deva ser superado, mas verdadeiramente um bem, porque as demais religiões também são mediações da salvação de Deus? Os argumentos contrários ao exclusivismo repousam implicitamente na convicção cristã de que o desígnio de Deus no tocante à salvação humana é universal. E, por adotar-se uma postura contrária à alegação de que a salvação humana é universalmente causada por Jesus Cristo, até certo ponto não se admite que as religiões mundiais se constituam como agentes da salvação de Deus, independentemente do cristianismo e de Jesus Cristo.

O argumento fundamental em favor da verdade e da autenticidade do poder salvífico das outras religiões provém do testemunho de Jesus Cristo. [...] Não irei passar em revista aqui as palavras, as ações e os gestos concretos de Jesus em que o cristão lê a revelação de Deus. Mas o conteúdo da revelação de Deus mediado por Jesus requer que se espere que Deus atue na vida dos seres humanos em uma pluralidade de formas exteriores a Jesus e

---

[41] CONGREGAÇÃO PARA A DOUTRINA DA FÉ. *Declaração "Dominus Iesus", sobre a unicidade e a universalidade salvífica de Jesus Cristo e da Igreja.*

à esfera cristã. Em Jesus, Deus é revelado como pessoal e solícito para com os seres humanos, criaturas pessoais de Deus, incondicionalmente amoroso e misericordioso. Deus quer que tudo o que lhe pertence seja recuperado na salvação. Por conseguinte, de uma perspectiva cristã e com base em indicações positivas fornecidas por Jesus, o cristão deve considerar que Deus acerca-se de todos os seres humanos em graça. [...]

É importante sublinhar, a essa altura, que a convicção de que Deus age na história através de outras mediações, de forma alguma prejudica o compromisso do cristão com o que experiencia ter Deus feito em Jesus. [...] A experiência cristã do que Deus fez em Jesus Cristo não se afigura diminuída pelo reconhecimento do Deus verdadeiro atuante em outras religiões. Com efeito, a condição cristã é fortalecida e confirmada: o amor universal de Deus experienciado pelo cristão é, por assim dizer, manifestado nas outras religiões.[42]

BIBLIOGRAFIA SUGERIDA

TEIXEIRA, F. (Org.). *O diálogo inter-religioso como afirmação da vida*. São Paulo, Paulinas, 1997.

DUPUIS, J. *Rumo a uma teologia cristã do pluralismo religioso*. São Paulo: Paulinas, 1999.

---

[42] HAIGHT, Roger. Op. cit., pp. 473-474.

O ECUMENISMO

OBJETIVOS

- Examinar o ecumenismo como uma tentativa de algumas das Igrejas cristãs assumirem a exigência de diálogo colocado pela Modernidade.
- Apresentar as principais características do movimento ecumênico na atualidade.

SUBSÍDIOS PARA APROFUNDAMENTO

1

Se lançarmos um olhar sobre o conjunto das religiões nos dias atuais, poderemos constatar uma diversidade muito grande, diante da qual as religiões são desafiadas a responder com uma atitude dialogante que consiste naquilo que definimos como diálogo inter-religioso. Se o nosso olhar for lançado sobre as Igrejas cristãs, também constataremos uma diversidade muito grande de doutrinas, teologias, liturgias, eclesiologias e ministérios, que poderá causar espanto para um observador menos avisado.

Para muitos cristãos, havia no início do cristianismo uma uniformidade que dava à Igreja nascente um caráter único. Essa visão acabou constituindo, no interior do cristianismo, a idéia de um mito, de um modelo exemplar de Igreja.

Contrariamente, a diversidade sempre foi uma característica presente no cristianismo desde os primeiros séculos. Alguns estudos revelam para nós a diversidade doutrinária, teológica, litúrgica, eclesiológica e de ministérios presente já nos primeiros passos do cristianismo.[1]

Por isso a diversidade presente no cristianismo é uma riqueza que precisa ser valorizada para ser compreendida. Ainda hoje presenciamos um processo de diversificação do cristianismo com o surgimento de Igrejas e movimentos cristãos. Por um lado, podemos examinar esse fenômeno de forma negativa, como algo que dificulta a unidade tão desejada por muitos cristãos. Por outro lado, esse dado pode ser visto de forma positiva se entendermos que essa diversidade, em princípio, não é necessariamente um obstáculo à unidade no cristianismo. O obstáculo à unidade no cristianismo está na dificuldade em reconhecer a legitimidade dos diferentes modelos de cristianismo. O que divide as igrejas cristãs não é, portanto, as diferentes doutrinas, teologias, liturgias, eclesiologias e ministérios existentes. Essas diferenças existiram no início do cristianismo e não foram empecilhos para a convivência entre os cristãos.

Se a questão do reconhecimento da legitimidade é condição *sine qua non* para a existência do diálogo inter-religioso, o mesmo ocorre com o diálogo entre as Igrejas cristãs, que é conhecido como ecumenismo. O pressuposto para existir o ecumenismo é a aceitação, por parte das Igrejas cristãs, das demais.

---

[1] A esse respeito, ver: NOGUEIRA, Paulo. Multiplicidade teológica e a formação do catolicismo primitivo na Ásia Menor, pp. 35-46.

2

A palavra ecumenismo tem origem na palavra grega *oikoumene*, que está relacionada com moradia, habitação. Ela tem sua raiz na palavra *oikos* — casa, lugar de moradia, espaço habitável. Para os antigos, a palavra *oikoumene* referia-se ao mundo habitado onde conviviam diferentes povos e culturas.[2]

No cristianismo primitivo, a palavra ecumenismo era utilizada com conotações políticas para referir-se ao Império Romano. É, no entanto, com o Concílio de Constantinopla, em 381, que a palavra é incorporada ao vocabulário da Igreja cristã: esse concílio é denominado "ecumênico". A partir daí, a palavra ecumênico significará o conjunto de doutrinas e práticas aceitas por toda a Igreja. Mesmo depois da divisão entre a Igreja do Oriente e a Igreja do Ocidente, em 1054, a Igreja católica romana continuou designando os seus concílios como ecumênicos. Nesse caso, ecumênico refere-se ao conjunto dessa Igreja e não compreende todas as Igrejas cristãs.[3]

No século XIX, a palavra ecumenismo é utilizada pela primeira vez de forma mais ampla. Em 1846, membros de diversas denominações evangélicas fundaram, em Londres, a Aliança Evangélica, com a finalidade de organizar um "concílio ecumênico evangélico". Um dos participantes desse encontro, pastor Adolphe Monod, fez referência ao "espírito verdadeiramente ecumênico" daqueles que organizaram a Aliança Evangélica.[4]

---

[2] A respeito da evolução da palavra ecumenismo, ver: NAVARRO, Juan Bosch. *Para compreender o ecumenismo*, pp. 9-11.
[3] Ibidem, pp. 9-10.
[4] Ibidem, p. 11.

Na Conferência Missionária Mundial de Edimburgo, Escócia, realizada em 1910, o termo ecumênico não é utilizado pelos seus organizadores em virtude da ausência das Igrejas ortodoxas e católica.

Um personagem importante nos primeiros passos do movimento ecumênico foi Nathan Söderblom, arcebispo luterano de Upsala, Suécia, que propôs, por ocasião da Primeira Guerra Mundial, a convocação de um encontro internacional de Igrejas, designado por ele de ecumênico para resolver o problema da paz.[5]

Numa conferência realizada em Estocolmo, do Movimento Vida e Ação, a palavra ecumênico amplia a sua aceitação. Na segunda conferência desse movimento, em 1937, em Oxford, o termo ecumênico é consagrado para referir-se ao esforço de aproximação e reconciliação entre as Igrejas cristãs. Com a fundação do Conselho Mundial de Igrejas, em 1948, em Amsterdã, temos a consolidação dessa palavra.

3

Podemos apontar, nos dias atuais, dois sentidos para a palavra ecumenismo.[6]

Um primeiro sentido está no coração da própria mensagem cristã. É a atitude de abertura para o diálogo, para o conhecimento das diversas tradições cristãs e o reconhecimento da legitimidade

---

[5] Ibidem.
[6] Sobre as diferentes tipologias de ecumenismo existentes nos dias atuais, ver NAVARRO, Juan Bosch. Op. cit., pp. 17-23.

destas. Essa atitude está presente na própria mensagem evangélica[7] e deve permear toda a vida daqueles que pretendem ser fiéis a essa mensagem. Os eixos dessa atitude — diálogo, conhecimento e reconhecimento da legitimidade — devem orientar as relações entre os cristãos e as Igrejas na superação das divisões.

Um segundo sentido é aquele que diz respeito às diversas formas encontradas pelos cristãos e pelas Igrejas para levar adiante a busca da unidade cristã. É o movimento ecumênico. Se o primeiro sentido tem a ver com uma postura de princípio em relação às diferenças entre os cristãos, o segundo sentido tem a ver com as diversas práticas para concretizar aquela atitude. Assim, quando falamos em movimento ecumênico, estamos nos referindo às diversas práticas realizadas pelos cristãos e pelas Igrejas para aproximar e reconciliar as Igrejas. O movimento ecumênico pretende, em última instância, expressar a unidade profunda que é inerente à vocação dos cristãos.

4

Na história do movimento ecumênico, existem alguns marcos importantes. O primeiro é o surgimento e o desenvolvimento do movimento missionário no início do século XX.

Foi no âmbito do movimento missionário evangélico que aflorou um desafio que vai estar presente em toda a caminhada ecumênica: como anunciar Jesus Cristo em meio à divisão exis-

---

[7] Cf. BARROS, Marcelo. *O sonho da paz. A unidade nas diferenças:* ecumenismo religioso e o diálogo entre os povos, pp. 64-66.

tente entre os cristãos e as Igrejas cristãs. As dificuldades encontradas pelos missionários vinham, sobretudo, do questionamento a respeito da divisão entre eles e as igrejas que representavam. Essas dificuldades levaram os missionários a repensar a questão da identidade das diversas igrejas e a relação destas entre si. A consciência da necessidade de que a unidade não deve ser apenas uma afirmação teológica, mas deve traduzir-se em atitudes e práticas, impulsionou o movimento missionário.

Na Conferência Missionária Mundial realizada em 1910, em Edimburgo, surge a necessidade de criar mecanismos de colaboração, no âmbito internacional, no interior do próprio movimento missionário.[8] Em 1921, foi criado o Conselho Missionário Internacional, que exerceu o papel de federação mundial de organizações missionárias e conselhos nacionais de igrejas e que, em 1961, passou a integrar o Conselho Mundial de Igrejas. Segundo Santa Ana, diversos

> problemas de importância mundial foram introduzidos na ordem de considerações do *movimento ecumênico* graças ao trabalho do Conselho Missionário Internacional: o desenvolvimento do secularismo; o peso das religiões não-cristãs; a importância das culturas para a pregação do Evangelho; a grande renovação que para a Igreja universal apresenta as Igrejas jovens da África, Ásia, América Latina e do Pacífico; a necessidade de realizar a missão em unidade etc.[9]

---

[8] Delegados da América Latina não estiveram presentes nessa conferência, pois os seus organizadores entendiam que essa região era de influência católica romana e, como não participaram delegados católicos, os problemas missionários latino-americanos não foram considerados (cf. SANTA ANA, Júlio H. de. *Ecumenismo e libertação*, p. 231)

[9] Ibidem, p. 232.

Por ocasião da integração ao Conselho Mundial de Igrejas, o Conselho Missionário Internacional fez uma declaração que afirmava:

> *Já não podemos aceitar as divisões da Igreja como se fosse um fato normal.* Cremos que no movimento ecumênico Deus dispôs um remédio para a cooperação no testemunho e no serviço [...][10]

Em 1920, o patriarcado de Constantinopla divulga uma encíclica em que propõe a criação de uma liga de Igrejas cristãs.[11]

Como observa Santa Ana, havia uma convergência de objetivos entre o patriarcado de Constantinopla e o Conselho Missionário Internacional: acabar com o proselitismo e promover o entendimento mútuo entre as Igrejas e missões cristãs.

A partir de 1920, surgem dois movimentos que tiveram um papel decisivo na caminhada ecumênica posterior: o Movimento Fé e Constituição e o Movimento Vida e Ação, também conhecido como "Cristianismo Prático". A primeira Conferência de Fé e Constituição aconteceu em 1927, em Lausane, Suíça, com a participação de delegados de 108 Igrejas. A primeira Conferência do Movimento Vida e Ação aconteceu em 1925, em Estocolmo. As Igrejas ortodoxas enviaram, pela primeira vez, representantes para participar de um evento ecumênico.

Na conferência, foi discutida a proposta de criar-se um conselho ecumênico de Igrejas. Finalmente, no dia 22 de agosto de 1948, como resultado da convergência dos dois movimentos —

---

[10] Ibidem, p. 233.
[11] A esse respeito, ver: SANTA ANA, Júlio H. de. Op. cit., pp. 233-234.

Fé e Constituição e Vida e Ação —, foi fundado o Conselho Mundial de Igrejas, com a participação de 351 delegados de 147 Igrejas de 44 países.[12] Atualmente, o Conselho tem 342 Igrejas-membro, presentes em mais de 120 países. Reúne Igrejas de diferentes tradições, excetuando-se a Igreja católica romana, que, embora a partir de 1961 tenha participado das assembléias gerais do Conselho, não é membro do Conselho por razões eclesiológicas, por causa do *status* internacional da Santa Sé e pelo peso numérico da Igreja católica romana. Essas razões, no entanto, não impedem a colaboração em diversos níveis entre essas instituições. Atualmente, a Igreja católica romana é membro pleno da Comissão Fé e Ordem do Conselho Mundial de Igrejas.[13]

O Conselho possui uma fórmula-base, que é a seguinte:

> O Conselho Mundial de Igrejas é uma comunidade de igrejas que confessam Jesus Cristo como Deus e Salvador, segundo o testemunho das Escrituras, e procuram responder juntas a sua vocação comum, para a glória do único Deus, Pai, Filho e Espírito Santo.[14]

Desta forma, o Conselho pretende ser uma comunidade de Igrejas na construção da unidade cristã:

> A descrição do Conselho Mundial de Igrejas como uma "comunidade de igrejas" indica claramente que o Conselho não é em si mesmo uma igreja e [...] não deve chegar nunca a ser uma "super-igreja". Por outro lado, uma vez que há nessa comunidade concep-

---

[12] Cf. CNBB. *Guia ecumênico*, p. 83.
[13] A esse respeito, ver: CNBB. Op. cit., pp. 87-88.
[14] CONSELHO MUNDIAL DE IGREJAS. *Para uma compreensão e uma visão comuns do Conselho Mundial de Igrejas*. Declaração de política, p. 25.

ções diversas acerca de *igreja*, o entendimento do significado dessa comunidade também será diferente. [...] Não obstante, a utilização do termo "comunidade" na base sugere que o Conselho é mais do que uma simples associação orgânica de igrejas, constituída para organizar atividades em âmbitos de interesse comum.[15]

5

Embora muitos católicos há muito tenham se envolvido em iniciativas com outras Igrejas cristãs e outras religiões, foi somente a partir do pontificado de João XXIII que a Igreja católica romana mudou a sua posição oficial com relação ao ecumenismo e ao diálogo inter-religioso.

No dia 5 de junho de 1960, João XXIII cria o Secretariado para a Promoção da Unidade dos Cristãos como um dos organismos preparatórios do Concílio Vaticano II.[16] Isso atendia a um dos objetivos que João XXIII havia proposto ao concílio. Se o primeiro objetivo proposto por João XXIII era o *aggiornamento* da Igreja católica romana, o segundo era contribuir para a unidade dos cristãos.[17] Para ele, o objetivo de renovação

> deveria abarcar todos os âmbitos cristãos, do mais próximo (o dos cardeais, aos quais o papa pedia adesão e sugestões) ao mais remoto

---

[15] Ibidem, pp. 25-26.
[16] Em 15 de agosto de 1967, o Secretariado para a Promoção da Unidade dos Cristãos foi confirmado como organismo da Santa Sé por Paulo VI. Em 1988, João Paulo II transformou o Secretariado em Conselho Pontifício para a Promoção da Unidade dos Cristãos.
[17] Cf. ALBERIGO, Giuseppe. João XXIII e o Vaticano II, p. 16.

(dos não-católicos, a quem o papa renovava o "apelo a seguir-nos amavelmente nessa busca de unidade e de graça").[18]

No documento de convocação do Concílio Ecumênico Vaticano II, *Humanae salutis*, João XXIII revelava a sua sensibilidade com os esforços para reconstituir unidade cristã:

> No instante, pois, de generosos e crescentes esforços que de várias partes são feitos com o fim de reconstituir aquela unidade visível de todos os cristãos e que corresponda aos desejos do divino Redentor, é muito natural que o próximo concílio ilustre mais abundantemente aqueles capítulos de doutrina, mostre aqueles exemplos de caridade fraterna que tornarão ainda mais vivo nos irmãos separados[19] o desejo de auspicioso retorno à unidade e lhes prepararão o caminho para consegui-la (n. 8).

Uma das mudanças introduzidas pelo Concílio Vaticano II e que está na raiz da mudança de posição da Igreja católica romana com relação às Igrejas cristãs e às demais religiões é aquela que diz respeito à eclesiologia. A noção de Povo de Deus será, para alguns dos principais textos do concílio, o ponto de partida para repensar a Igreja católica romana. Como afirma Velasco, foi uma verdadeira "virada copernicana".[20]

O texto mais importante do Concílio Vaticano II sobre o ecumenismo é o decreto *Unitatis redintegratio*, sobre o ecumenismo.

---

[18] Idem. *História dos concílios ecumênicos*, p. 395.
[19] A expressão "irmãos separados" aparece freqüentemente nos documentos da Santa Sé para referir-se aos membros de outras Igrejas cristãs. Nos dias atuais, no interior do movimento ecumênico essa expressão não é aceita em virtude de sua conotação pejorativa.
[20] VELASCO, Rufino. *A Igreja de Jesus. Processo histórico da consciência eclesial*, p. 241.

Esse documento, logo no seu início, recorre a um dos objetivos do Concílio estabelecidos por João XXIII: "[...] restauração da unidade entre todos os cristãos [...]" (cf. n. 1,1).

Embora nesse documento o Vaticano II apresente avanços com relação à questão ecumênica, nele afloram as ambigüidades da posição católica diante do ecumenismo, ambigüidades que têm a ver com o quadro referencial utilizado pela Igreja católica romana para se autocompreender como instituição e para compreender as demais Igrejas cristãs.

Há uma atitude positiva do Vaticano II diante do ecumenismo, como se pode ver nestas frases do decreto *Unitatis redintegratio*:

> [...] por obra do Espírito Santo, surgiu, entre nossos irmãos separados, um movimento sempre mais amplo para restaurar a unidade de todos os cristãos. Esse movimento de unidade é chamado movimento ecumênico [...] (cf. n. 1,2).
>
> Assim, este sagrado sínodo, alegrando-se com tudo isso [...] quer propor a todos católicos os meios, os caminhos, os modos que lhes permitam corresponder a esta divina vocação e graça (cf. n. 1,3).
>
> [...] este santo sínodo exorta os fiéis católicos a que, reconhecendo os sinais dos tempos, solicitamente participem no trabalho ecumênico [...] (cf. n. 4,1).

O Vaticano II reconhece a importância do movimento ecumênico como um conjunto de iniciativas que visam a aproximar as Igrejas cristãs. Além disso, o concílio reconhece a legitimidade do movimento ecumênico surgido no seio das Igrejas protestantes, que é definido como sendo "obra do Espírito Santo" (*UR*, n. 1,2).

O problema da posição da Igreja católica romana a respeito da questão ecumênica apresenta-se quando são discutidos os princípios que, segundo a Igreja católica romana, devem orientar a sua atuação no movimento ecumênico ao lado das outras Igrejas. O primeiro capítulo do decreto *Unitatis redintegratio* dedica-se a estabelecer os princípios católicos do ecumenismo. São esses princípios que até hoje configuram a posição católica oficial no movimento ecumênico. Durante o Vaticano II, foi aprovada, também, a elaboração posterior de um diretório ecumênico. Esse diretório foi publicado pelo CPUC (Conselho Pontifício para a Unidade dos Cristãos) em duas partes, em 1967 e em 1970, com o título *Diretório para a aplicação dos princípios e normas sobre ecumenismo*.

Em linhas gerais, os princípios indicados pelo decreto *Unitatis redintegratio* são os seguintes:

– a Igreja católica romana mantém no seu seio os elementos essenciais do cristianismo, que são meios que possibilitam a plenitude da salvação: a fé apostólica, os sucessores dos apóstolos, as Escrituras, os sacramentos e a comunhão com o sucessor de Pedro (nn. 2,1 e 3,5);
– Jesus Cristo outorgou ao colégio dos apóstolos, sob a direção de Pedro, a missão de ensinar, reger e santificar (n. 2,3); e
– a estrutura episcopal presente na Igreja católica romana está na linha de continuidade da sucessão dos apóstolos (n. 2,4).

Esses princípios, que foram depois confirmados e explicitados pelo *Diretório para a aplicação dos princípios e normas sobre ecumenismo*, apresentam o modelo de unidade para o cristianismo que é defendido pela Igreja católica romana. Esse modelo está centrado na própria concepção eclesiológica que a Igreja católica romana tem de si, ou seja, como aquela que detém em si a estrutura que corresponde à estrutura estabelecida por Jesus Cristo (cf. *UR*, nn. 2,3-4). Assim, para essa instituição, a unidade do cristianismo terá de, necessariamente, adaptar-se ao modelo eclesial desta.

Além disso, qualquer esforço ecumênico depende da Igreja católica romana, já que, segundo o Vaticano II, é ela aquela Igreja que detém "a plenitude da graça e verdade", embora a Igreja católica romana reconheça que as outras Igrejas não estejam destituídas de significado e importância teológica:

> Portanto, mesmo as Igrejas e comunidades, embora creiamos que tenham deficiências, de forma alguma estão destituídas de significação e importância no mistério da salvação. O Espírito Santo não recusa empregá-las como meios de salvação, embora a virtude desses derive da própria plenitude de graça e verdade confiada à Igreja Católica (cf. *UR, n.* 3,4).

Cabe explicitar uma distinção feita nos textos do Vaticano II a respcito das demais Igrejas cristãs: quando fala de Igreja, refere-se às Igrejas orientais, pré-calcedonianas e bizantinas. Quando menciona comunidades eclesiais, refere-se às Igrejas nascidas da Reforma Protestante a partir do século XVI. Essa distinção traz problemas para as Igrejas que nasceram da Reforma, pois lhes nega a mesma legitimidade afirmada a respeito das Igrejas de tradição oriental.

No entanto, segundo o decreto *Unitatis redintegratio*, tanto no caso das Igrejas como no das comunidades eclesiais, a própria condição de sua existência depende da existência da Igreja católica romana e a legitimidade delas é uma legitimidade precária, pois somente na Igreja católica romana está a plenitude da salvação:

> Contudo, os irmãos de nós separados, tanto os indivíduos como suas comunidades e igrejas, não gozam daquela unidade que Jesus Cristo quis prodigalizar a todos aqueles que regenerou e convivificou num só corpo e em novidade de vida e que as Sagradas Escrituras e a venerável tradição da Igreja professam. Somente por meio da Igreja católica de Cristo, auxílio geral de salvação, pode ser atingida toda a plenitude dos meios de salvação. Cremos também que o Senhor confiou todos os bens do Novo Testamento ao único colégio apostólico, a cuja testa está Pedro, a fim de constituir na terra um só corpo de Cristo, ao qual é necessário que se incorporem plenamente todos os que, de alguma forma, pertencem ao Povo de Deus (cf. UR, n. 3,5).

Esse texto apresenta dois outros elementos que caracterizam a posição da Igreja católica romana diante do ecumenismo: a) as outras Igrejas não dispõem da unidade que foi dada por Jesus Cristo à Igreja católica romana e b) unidade com a Igreja católica romana supõe a aceitação e a relação com os bispos considerados como sucessores dos apóstolos, tendo à frente o papa. Dessa forma, a unidade cristã depende da Igreja católica romana e a sua concretização só pode ocorrer tendo como centro a figura do bispo de Roma, o papa.[21]

Para as demais Igrejas cristãs que não reconhecem a autoridade do bispo de Roma, esses elementos dificultam o diálogo

---

[21] Cf. SANTA ANA, Júlio H. de. Op. cit., p. 86.

ecumênico, já que colocam um pressuposto que é próprio da tradição católica romana: a existência do ministério episcopal e do papa como articuladores da unidade da Igreja católica romana.

Apesar dos avanços realizados pelo Concílio Vaticano II, quanto à questão do ecumenismo, esse projeto de unidade defendido pela Igreja católica romana está em consonância com a concepção eclesiológica de que a Igreja católica romana é a única Igreja que detém todos os elementos essenciais do cristianismo apontados anteriormente, a partir dos números 2 e 3 da *Unitatis redintegratio*. Essa concepção está presente tanto nos documentos que trataram diretamente da questão do ecumenismo e da liberdade religiosa — *Unitatis redintegratio* e *Nostra aetate* —, como também em dois outros importantes documentos: a constituição dogmática *Lumem gentium* e a constituição dogmática *Dei Verbum*.[22]

6

A grande questão que se coloca no movimento ecumênico é aquilo que se entende por modelos de unidade. E no interior do movimento ecumênico há, também nesse aspecto, uma diversidade de visões a respeito. Os três modelos mais conhecidos são: o projeto do Conselho Mundial de Igrejas, o projeto da Igreja católica romana e o projeto da Federação Luterana Mundial. Cada um desses projetos propõe caminhos diferentes para construir a unidade.

---

[22] Exemplos de que essa concepção está presente nos outros documentos citados são os seguintes: *LG*, nn. 8,2; 14; 23; *DV*, nn. 8,2; 10,2.

O modelo de comunidade conciliar de igrejas locais do Conselho Mundial de Igrejas

A proposta de unidade apresentada pelo Conselho Mundial de Igrejas foi definida pela Quinta Assembléia, realizada em Nairóbi, em 1975, como comunidade conciliar de igrejas locais. Vale a pena reproduzir o texto da Assembléia que explicitou esse conceito:

> A Igreja é única; ela deve ser concebida como uma comunidade conciliar de igrejas locais que estão verdadeiramente unidas. Nessa comunidade conciliar, cada igreja local possui, em comunhão com as outras, a plenitude da catolicidade; dá testemunho da mesma fé apostólica e, por conseguinte, reconhece que as outras igrejas pertencem à mesma Igreja de Cristo e são guiadas pelo mesmo Espírito.[23]

Nesse trecho, encontramos algumas afirmações que merecem ser destacadas:
a) a Igreja cristã é única;
b) ela é uma comunidade conciliar de igrejas locais que estão unidas;
c) cada igreja local possui a plenitude da catolicidade e dá testemunho da fé apostólica; e
d) cada igreja local reconhece a pertença das demais igrejas à única Igreja e que são guiadas pelo mesmo Espírito.

Nesse texto, subjacente à noção de comunidade conciliar de igrejas, encontramos uma concepção eclesiológica mínima que possibilita a inclusão da diversidade existente entre as Igrejas cristãs: as igrejas locais são expressões da única salvação de

---

[23] PATON, David (Ed.). Apud NAVARRO, Juan Bosch. Op. cit., p. 35.

Cristo. Assim, a unidade não é entendida como algo monolítico, mas como uma pluralidade que deve ser desejada.

Júlio H. de Santa Ana aponta um outro elemento da reflexão do Conselho Mundial de Igrejas sobre a unidade cristã: é aquele que se refere ao que ficou conhecido como diálogo universal de culturas.[24] A *oikoumene* transcende as próprias Igrejas cristãs e a unidade cristã só poderá ser construída na grande diversidade de culturas presente no mundo. A proposta do Conselho Mundial de Igrejas de uma comunidade conciliar de igrejas locais inclui o esforço de todas as igrejas cristãs de contribuírem para a construção da unidade de todos os povos, o que supõe a inculturação das igrejas para serem capazes de dialogar com as diferentes culturas e para concretizarem o modelo de comunidade conciliar de igrejas locais.

O modelo de diversidade reconciliada da Federação Luterana Mundial

O ponto de partida para pensar no modelo de diversidade reconciliada é a existência, entre as Igrejas cristãs, de verdadeiras famílias confessionais a partir das diferentes tradições presentes no cristianismo.

Entre as igrejas cristãs encontramos tradições muito próprias que se expressam em diferentes formas de confissão da fé cristã. Mesmo com a existência de diferenças no interior delas, podemos falar em diversas famílias confessionais: a católica romana, a orto-

---

[24] Cf. SANTA ANA, Júlio H. de. Op. cit., p. 111.

doxa, a luterana, a reformada, a anglicana, a batista, a metodista, a pentecostal etc. Muitas dessas famílias confessionais constituíram, ao longo do tempo, organizações mundiais que reúnem as diversas Igrejas que as compõem. Tais organizações têm a possibilidade de promover o diálogo entre as diferentes famílias confessionais e visam a preservar a identidade confessional de cada igreja.

Para facilitar o diálogo entre essas diferentes famílias confessionais, surgiu, no interior da Federação Luterana Mundial, o conceito de diversidade reconciliada. Com esse conceito, procura-se expressar

> a convicção de que a unidade desejada por Cristo, longe de implicar a destruição ou a superação da própria identidade confessional, supõe sua aceitação e, conseqüentemente, o enriquecimento mútuo.[25]

Com base nesse conceito de diversidade reconciliada, afirma-se que a confessionalidade de cada Igreja é legítima e deve ser preservada e que a construção da unidade entre as igrejas cristãs tem de partir desse pressuposto. Segundo essa visão, sem a reconciliação das Igrejas no que diz respeito aos aspectos confessionais, não é possível construir a unidade entre as Igrejas cristãs.[26]

O modelo de unidade como plena comunhão da Igreja católica romana

Antes do Concílio Vaticano II, a posição oficial da Igreja católica romana sobre a questão da unidade cristã era de que o

---
[25] NAVARRO, Juan Bosch. Op. cit., p. 30.
[26] A respeito dos limites dessa proposta, ver Júlio H. de Santa Ana, op. cit., p. 102.

caminho a ser percorrido era o do retorno das demais Igrejas à comunhão com Roma.

A idéia de retorno no interior da tradição católica teve uma conotação muito rígida. Segundo Navarro, essa idéia é resultado da conexão de dois elementos: o *tridentinismo* e a validade de um princípio teológico verdadeiro, mas traduzido de forma bastante negativa. O *tridentinismo* é a compreensão de um catolicismo romano centralizado que começa a ser construído a partir do Concílio de Trento (1543-1563). O princípio teológico válido afirma que a Igreja de Cristo ainda se mantém viva.

A conseqüência desses dois pressupostos é que o caminho da unidade cristã é o retorno das demais Igrejas cristãs à Igreja católica romana.

Se o *tridentinismo* foi abandonado pelo Concílio Vaticano II, o princípio teológico válido explicitado anteriormente foi mantido.

A tentativa de o concílio superar o dilema colocado pela idéia de retorno ficou expressa no *subsistit in*:

> Esta unidade Cristo a concedeu, desde o início, à Sua Igreja, e nós cremos que ela subsiste inadmissível na Igreja católica e esperamos cresça, dia após dia, até a consumação dos séculos (cf. *UR* 4,3).

A alternativa encontrada pelo Concílio deixou de lado a identificação total e exclusiva da Igreja de Cristo com a Igreja católica romana, o que dificultaria ainda mais o diálogo com as outras Igrejas cristãs.[27]

Navarro condensa o modelo de unidade defendido pela Igreja católica romana em cinco pontos:

---
[27] Cf. NAVARRO, Juan Bosch. Op. cit., p. 32.

a) O Espírito Santo é o princípio de unidade da Igreja. A unidade deve ser entendida, portanto, numa base trinitária, e não apenas cristológica.
b) *A Igreja não é apenas una, é também única.*
c) A Igreja católica romana reconhece a existência de muitos elementos de salvação fora de suas fronteiras. Por outro lado, ela afirma que as outras igrejas ainda não gozam da unidade que Cristo quis dar à sua Igreja.
d) A unidade da Igreja está ancorada na sucessão apostólica e no ministério de Pedro.
e) O ministério de Pedro não pode ser separado da estrutura sacramental da Igreja.[28]

Embora, a teologia oficial da Igreja católica romana não fale mais em retorno, a visão que ela tem de unidade é uma visão construída a partir de sua eclesiologia vista como modelo fundante da Igreja.

QUESTÕES:

1) Quais são, nos dias atuais, os aspectos mais importantes do ecumenismo?
2) Quais os obstáculos atuais para o avanço do ecumenismo?

---

[28] NAVARRO, Juan Bosch. Op. cit., p. 33.

EXCERTOS DE TEXTOS

Texto n. 1: *O modelo de unidade de Karl Rahner e Henrich Fries*

Karl Rahner e Henrich Fries publicaram, em 1983, um livro intitulado *La unión de las Iglesias. Una possibilidad real*, persuadidos de que a "unidade das igrejas e a ordem do Senhor [...] é uma questão de vida ou morte para o cristianismo". Os dois teólogos alemães questionam, desde o princípio, tanto a *impaciência ecumênica*, inútil para a plasmação histórica da unidade, como a *resignação ecumênica*, que transforma quase em dogma o "ainda não chegou o momento" e paralisa qualquer iniciativa eclesial no terreno da unidade das Igrejas.

Para Rahner e Fries, a possibilidade de que a "unidade de fé e de igrejas" seja real, e não meramente utópica, depende de algumas condições que eles formulam em oito teses e explicam em detalhes ao longo do livro. Pressupõem, entretanto, nas Igrejas tanto o abandono de suas "excessivas precauções táticas e inércias tradicionais" como a vontade positiva de transcender a atual situação de desunião cristã.

Eis o enunciado das teses:

1) As verdades fundamentais do cristianismo, tal como expressas na Sagrada Escritura, no símbolo apostólico e no de Nicéia-Constantinopla, são obrigatórias para todas as igrejas particulares da futura Igreja unida.

2) Afora isso, dever-se-ia implantar um princípio de fé realista: nenhuma igreja particular pode decidir e rejeitar como contrária à fé uma afirmação que outra igreja particular professa como dogma obrigatório.

3) Nessa Igreja una de Jesus Cristo, formada pelas igrejas que se unem entre si, há igrejas particulares regionais que po-

dem conservar grande parte de suas estruturas próprias. Essas igrejas particulares podem também coexistir num mesmo território, visto que não o impedem nem a eclesiologia católica nem a práxis da Igreja romana, por exemplo, na Palestina.

4) Todas as igrejas particulares reconhecem o sentido e o direito do serviço petrino do pontífice romano como garantia concreta da unidade da Igreja na verdade e no amor. O papa, por seu turno, obriga-se expressamente a reconhecer e respeitar a autonomia, previamente consentida, das igrejas particulares. [...].

5) Segundo a antiga tradição, todas as igrejas particulares têm bispos à frente de suas grandes subdivisões. Não é preciso que a eleição de bispos nessas igrejas particulares se atenha ao esquema normal atualmente em vigor na Igreja católica romana [...].

6) As igrejas particulares vivem em mútuo e fraternal intercâmbio em todas as suas dimensões vitais, de tal modo que a história do passado e a experiência das igrejas antes separadas possam exercer influência eficaz na vida das outras igrejas particulares.

7) [...] todas as Igrejas particulares se obrigam, a partir de agora, a conferir o sacramento da ordem mediante a oração e a imposição das mãos, de tal sorte que também a igreja particular católica romana possa admitir sem dificuldade sua validade.

8) Entre as igrejas particulares, há comunhão de ambão e altar.[29]

---

[29] NAVARRO, Juan Bosch. Op. cit., pp. 38-39.

Texto n. 2: O modelo de unidade de Oscar Cullmann

Oscar Cullmann, o teólogo reformado cujas investigações no campo da teologia bíblica são mundialmente reconhecidas, oferece [...] a obra *L'unité par la diversité*, com o propósito de transcender o *status quo* das divisões eclesiais.

[...] Cullmann não defende o desaparecimento das diversidades eclesiásticas nem a fusão de todas as Igrejas. Ele crê, pelo contrário, que cada Igreja deve conservar os dons que a configuram em sua própria identidade.

O livro tem três capítulos, contendo o primeiro deles a principal contribuição. Nele, o autor procura precisar a concepção de unidade a partir de seus estudos do Novo Testamento. Tudo nasce da obra do Espírito Santo. Não há unidade possível, nem verdadeiro ecumenismo, sem o Espírito Santo, mas, ao mesmo tempo, onde opera o Espírito nasce a diversidade, inclusive eclesial. Por isso Cullmann chega a afirmar que "as tentativas de uniformidade eclesial são um pecado contra o Espírito Santo". A Igreja una repousa sobre a diversidade e o desenvolvimento de carismas particulares oferecidos pelo Espírito. Assim, cada igreja dá forma histórica à Igreja una.

Para Cullmann, os princípios do Novo Testamento sobre a unidade impedem a aceitação da fusão de Igrejas. E isso porque, além de ser utópica, a fusão é contrária à própria natureza da unidade. Daí advém a sua proposta: uma comunidade de Igrejas perfeitamente autônomas, que continuarão a ser católicas, protestantes, ortodoxas, conservando cada uma os dons que o Espírito lhes conferiu.

Porém sua fórmula "unidade pela diversidade" não significa de modo algum aceitar a diversidade de Igrejas como um estado anômalo e provisório que tenderia ao desaparecimento num futuro em que as Igrejas estivessem de fato unidas. A diversidade atual é o estado definitivo. O que, sem dúvida, deverá mudar são as rivalidades polêmicas de hoje, que impedem a comunhão: elas deverão transformar-se em diversidades pacíficas portadoras de complementaridade e comunhão.[30]

BIBLIOGRAFIA SUGERIDA

BARROS, M. *O sonho da paz. A unidade nas diferenças*: ecumenismo religioso e o diálogo entre os povos. 2. ed. Petrópolis, Vozes, 1996.

CONIC-CLAI. *Diversidade e comunhão*: um convite ao ecumenismo. São Paulo, Sinodal-Paulinas, 1998.

SANTA ANA, J. H. de. *Ecumenismo e libertação*. Petrópolis, Vozes, 1987.

---

[30] Ibidem, pp. 37-38.

A DIVERSIDADE RELIGIOSA NO BRASIL

OBJETIVOS

- Apresentar o panorama do campo religioso brasileiro atual.
- Estudar as raízes históricas do campo religioso brasileiro.
- Examinar a complexidade das diversas relações existentes entre as expressões religiosas e os agentes religiosos no Brasil.

SUBSÍDIOS PARA APROFUNDAMENTO

1

Uma observação imediata do campo religioso brasileiro permite perceber com facilidade uma característica que é, de certa forma, constitutiva dele: a riqueza da diversidade.

Essa riqueza coloca um desafio para o estudioso das religiões: o de formular uma tipologia que permita compreender adequadamente o campo religioso. Esse desafio indica uma dificuldade: quanto mais complexo e rico o campo religioso, maior será a dificuldade do ponto de vista teórico para formular os instrumentos que possibilitem uma compreensão adequada dele.

No Brasil, diversos autores procuraram elaborar uma tipologia do campo religioso brasileiro no seu conjunto ou de setores específicos no interior deste.

Obra que se tornou referência no âmbito da sociologia da religião é *Católicos, protestantes, espíritas*, organizada por Cândido Procópio F. de Camargo, publicada em 1973. O livro apresenta uma tipologia das religiões no Brasil e examina três conjuntos de religiões: catolicismo, protestantismo e espiritismo. Essa obra foi uma das primeiras tentativas de classificar e apresentar um panorama do campo religioso brasileiro.

O antropólogo Carlos Rodrigues Brandão, num artigo publicado em 1993 — As muitas moradas: crenças e religiões no Brasil de hoje —, também apresenta uma tipologia das religiões no Brasil. Ele organiza as religiões brasileiras em: religiões indígenas, mediúnicas e de possessão, evangélicas, de minorias étnicas, o catolicismo e neo-religiões.[1]

No que se refere ao campo católico, estudo que é referência importante para a compreensão da religião no Brasil está presente num artigo de Comblin — Para uma tipologia do catolicismo no Brasil — publicado em 1968. Nesse artigo, Comblin apresenta aquilo que denomina estruturas do catolicismo brasileiro e das religiões que contribuíram para a sua constituição.

---

[1] Cf. BRANDÃO, Carlos Rodrigues. As muitas moradas..., p. 99.

Para ele, são três as estruturas que estão presentes no catolicismo brasileiro: "a) Estruturas européias: 1º catolicismo medieval; 2º catolicismo moderno; e 3º cristianismo contemporâneo; b) Estruturas africanas; e c) Estruturas ameríndias".[2]

Com relação ao campo protestante, uma obra que procura mapear o mesmo, e que também se tornou uma referência no âmbito das ciências sociais, é *Introdução ao protestantismo no Brasil*, de Antônio Gouvêa Mendonça e Prócoro Velasques Filho, publicada em 1990. Nessa obra, Antônio Gouvêa Mendonça apresenta uma tipologia do protestantismo no Brasil. Ele classifica o protestantismo brasileiro em cinco ramos: anglicano, luterano, reformado, paralelos à Reforma e pentecostais.[3]

As diferentes formas de tipologia do campo religioso brasileiro revelam a dificuldade, no âmbito teórico, para classificá-lo. Essa dificuldade teórica advém da própria constituição da realidade das religiões no Brasil. Se do ponto de vista cultural podemos afirmar que o Brasil é um grande mosaico formado por diferentes cores e contornos quando observado de perto, e que tem a sua beleza plural quando observado a distância, o mesmo ocorre com o campo religioso brasileiro. São diferentes expressões religiosas que se revelam em diferentes contextos sociais; são diferentes agentes religiosos com suas visões do sagrado, do humano e do mundo; são diferentes formas de compreender as religiões e as suas relações com o mundo e com as outras religiões. Qualquer tentativa de classificação não consegue apreender a complexidade e a dinâmica própria desse universo.

---

[2] COMBLIN, José. Para uma tipologia do catolicismo no Brasil, p. 51.
[3] Cf. MENDONÇA, Antônio Gouvêa & VELASQUES FILHO, Prócoro. *Introdução ao protestantismo no Brasil*, pp. 17-18.

2

A região central da cidade de São Paulo, que tem o seu eixo na Praça da Sé, pode ser tomada por nós como ícone do campo religioso no Brasil. A Catedral da Sé, com toda a sua imponência, e com as outras igrejas católicas vizinhas, convive com expressões religiosas que foram conquistando espaço, gradativamente, na cidade de São Paulo. Lá, podemos encontrar diversas igrejas evangélicas e pregadores ambulantes ao lado de outros agentes que oferecem serviços religiosos e esotéricos os mais diversos.

De fato, essa região apresenta-nos uma paisagem, em tamanho reduzido, do campo religioso brasileiro. Além disso, essa paisagem permite observar a própria dinâmica histórica da constituição do campo religioso brasileiro.

No século XVI, quando os portugueses deram início à implantação do seu projeto colonial nestas terras, o campo religioso que encontraram estava marcado pelas diversas religiões dos povos indígenas. Essas religiões, centradas nas manifestações da natureza, se no seu conjunto são plurais, consideradas como expressões da riqueza cultural existente entre esses povos, tomadas isoladamente fazem parte de um unitarismo cultural que permitia a sobrevivência delas. Nas nações indígenas, cada religião, mesmo tendo dentro de si uma diversidade de deuses, mitos e ritos, determina e explica as atividades de sobrevivência desenvolvidas pelas pessoas.[4]

A transplantação cultural levada adiante pelo processo de colonização impôs a religião cristã de vertente católica às nações

---

[4] Cf. CNBB. *Guia para o diálogo inter-religioso*, pp. 70-71.

indígenas. Do ponto de vista simbólico, houve uma luta entre a visão de sagrado trazida pelos portugueses e as visões plurais de sagrado dos povos indígenas. No limite, a colonização, não conseguindo eliminar as visões de mundo dos indígenas, acabou determinando a centralidade no universo simbólico da visão de sagrado veiculada pelo catolicismo. Esse mesmo processo de dominação, com todas as suas conseqüências, foi também sofrido pelos africanos trazidos para cá na condição de escravos.

A convivência conflitiva, baseada na dominação, que se estabeleceu entre a religião cristã e as religiões indígenas, e depois africanas, acabou definindo o *script* e a dinâmica do campo religioso brasileiro. Mais do que isso. Acabou definindo a própria arquitetura do campo religioso. Nas cidades, os templos católicos ganharam o privilégio da centralidade espacial.

O centro antigo da cidade de São Paulo, com a Praça da Sé e os seus arredores, é um exemplo disso. O desenvolvimento da paisagem da cidade foi realizado a partir dos templos católicos. A arquitetura da cidade reflete a arquitetura do campo religioso: o templo católico ocupa o lugar central.

Hoje, nessa região, a centralidade católica convive com expressões do protestantismo, sobretudo mais recentes, com práticas religiosas de raízes afro-brasileiras e com práticas esotéricas.

Essa centralidade do catolicismo no campo religioso brasileiro não se deu por acaso. Foi construída sobre as religiões dominadas, tanto indígenas como africanas, o que aconteceu porque a Igreja católica romana fornecia, até meados do século XIX, o arcabouço ideológico necessário para manter a coesão na sociedade brasileira.

Essa centralidade reflete a hegemonia do catolicismo no campo religioso, a qual vai ser abalada somente no final do século XIX.

Essa hegemonia entra em crise a partir do momento em que a cultura tradicional brasileira, fundamentada nas grandes instituições, perde o seu espaço para uma cultura moderna centrada no sujeito.[5]

Apesar das resistências indígena e africana, foi somente com a entrada do protestantismo de missão, em meados do século XIX, que o campo religioso brasileiro começou a ganhar outros contornos.[6] O ingresso desse tipo de protestantismo, acompanhado da modernização liberal, que aos poucos ganhou terreno na sociedade brasileira, possibilitou a diversificação do campo religioso.

Essa diversificação do campo religioso, no entanto, não alterou a situação das religiões indígenas e africanas. O catolicismo oficial continuou demonizando-as e mantendo-as na condição de marginalidade. O mesmo preconceito e a mesma visão foram assumidos pelo protestantismo.

Apesar desses pressupostos comuns ao catolicismo e ao protestantismo, na prática, porém, o catolicismo acabou assimilando elementos do universo religioso indígena e afro-brasileiro expressos no chamado catolicismo popular, diferentemente do

---

[5] Cf. SANCHIS, Pierre. As religiões dos brasileiros, p. 30.
[6] A expressão *protestantismo de missão* é utilizada para referir-se ao conjunto de Igrejas protestantes oriundas dos EUA que se instalaram em território brasileiro com a finalidade de expandir o protestantismo. Em contraposição, utiliza-se a expressão *protestantismo de imigração* para referir-se ao conjunto de Igrejas cristãs. A esse respeito, ver: MENDONÇA, Antônio G. & VELASQUES FILHO, Prócoro. Op. cit.

protestantismo, que, em virtude do seu cristocentrismo, até hoje tem dificuldades para dialogar com aquelas religiões.

Essa facilidade do catolicismo popular em conviver com expressões oriundas das religiões indígenas e afro-brasileiras está vinculada ao próprio caráter leigo desse catolicismo e à sua capacidade de autoproduzir-se valendo-se do código do catolicismo oficial. Essa abertura do catolicismo popular a outras expressões religiosas está na raiz do caráter sincrético do campo religioso brasileiro. É isso que possibilita um certo *continuum* entre muitas das visões e práticas religiosas existentes no Brasil. Utilizando uma expressão de Sanchis, há uma certa *homogeneidade* no campo religioso brasileiro que aproxima muitas das religiões existentes.[7]

3

Na Modernidade, um dos aspectos que se destacam no campo religioso, como foi referido anteriormente, é aquele que diz respeito às relações entre o sujeito e a instituição religiosa.

O campo religioso medieval caracterizava-se como sendo um campo religioso centrado na instituição religiosa, a Igreja católica romana, em virtude da importância desta como matriz ideológica. O processo de secularização vivido pela sociedade européia restringiu a presença da Igreja católica romana à esfera religiosa e obrigou-a a conviver com outras expressões religiosas dentro de um cenário de pluralização de cosmovisões inaugurado pela Modernidade.

---

[7] Cf. SANCHIS, Pierre. Op. cit., pp. 32-41.

Tal processo trouxe mudanças profundas na representação do mundo por parte do sujeito religioso, que agora reivindica para si a chave para a leitura da realidade, em geral, e da religião, em particular. Esse sujeito que antes observava o cenário de uma sociedade tradicional, estável, considerada eterna e sacral, com as sua várias esferas subordinadas à esfera religiosa, vê-se, agora, diante de um cenário marcado pela ruptura, pela mudança constante e pela fragmentação.[8]

A razão, em oposição à religião, é vista como fonte segura de todo conhecimento e de toda compreensão do universo, e o sujeito, como único portador da razão. Diante de um Modelo religioso que sacraliza a vida e o mundo, a Modernidade propõe a ruptura com esse modelo e a dessacralização do mundo, o que possibilita o enfrentamento do mundo como realidade a ser apropriada e assumida pelo humano sem a aura de sacralidade.

Com essa dessacralização, todas as instituições, a religiosa inclusive, são compreendidas como produtos da ação humana e, por isso, passíveis de mudança. Não é qualquer religião que é rejeitada. Ao contrário, a rejeição volta-se para a religião que sacraliza o mundo:

> Rompe-se, portanto, com uma religião sacralizante e que, dessa forma, negava a possibilidade de as pessoas e os grupos humanos alterarem a ordem social existente. Aceita-se, porém, um modelo de religião que se coloca a serviço do sujeito no controle da natureza e da vida social. A religião proveniente da Reforma Protestante, sobretudo na sua versão calvinista, vai encaixar-se nesse modelo. É uma

---

[8] Cf. HARVEY, David. *Condição pós-moderna*, p. 22.

religião que aceita o desafio de secularizar-se para adaptar-se ao novo *ethos* da sociedade nascente.[9]

As principais conseqüências desse processo de dessacralização são a relativização das certezas, sobretudo aquelas de caráter religioso, e a afirmação da supremacia do sujeito diante da religião.[10]

Essas duas conseqüências vão abrir espaço para uma nova configuração do campo religioso. Por um lado, o campo religioso está impregnado de incertezas, o que possibilita o surgimento de diferentes formas de encarar a verdade e o sentido da vida. Não há mais uma instituição religiosa que detém a verdade e o "depósito da salvação". As diversas religiões apresentam-se como portadoras de salvação, portanto, com legitimidade para responder aos anseios das pessoas e da sociedade.

Além disso, a instituição religiosa não detém mais a centralidade na experiência religiosa das pessoas. É o sujeito que assume a centralidade dessa experiência, pois ele passa a ser entendido como fonte doadora de sentido para tudo.[11]

Oliveira afirma que

> o homem fica, teórica e praticamente, preso à esfera de sua subjetividade singular e arbitrária. [...] É precisamente nisso que reside a "reviravolta antropocêntrica" da filosofia primeira da Modernidade: a subjetividade finita faz-se a instância geradora de sentido para toda a realidade. O ser humano experimenta-se, agora, enquanto fonte de objetificação, como criador do real para si mesmo.[12]

---

[9] SANCHEZ, Wagner Lopes. *(Des) Encontros dos deuses...*, p. 30.
[10] Cf. SANCHIS, Pierre. Op. cit., p. 34.
[11] Cf. OLIVEIRA, Manfredo Araújo de M. *Tópicos sobre dialética*, p. 163.
[12] Ibidem, p. 164.

E o universo religioso vai ser atingido por essa experiência vivida pelo ser humano como "criador do real para si mesmo". A religião, agora, é entendida como criação humana, portanto, como relativa e passível de crítica.

O campo religioso brasileiro, em época recente, será marcado por essas duas características: relativização de certezas e supremacia do sujeito sobre a religião. Enquanto, de um lado, as várias religiões podem reivindicar a veracidade de suas afirmações e a relatividade das afirmações de outras religiões, de outro o sujeito tem um papel central no universo religioso, tendo, mesmo, a capacidade de criar e recriar outras visões e práticas religiosas.

A recriação da religião é um fenômeno novo e que pode ser constatado no campo religioso brasileiro:

> Não se trata de colagens ou sobreposições de experiências e símbolos religiosos que acabam condicionando as práticas religiosas e sociais das pessoas envolvidas; trata-se de recriação da religião utilizando-se livremente de elementos antigos e novos o que pode, em alguns casos, levar a uma redefinição do que é religião e estabelecer novos contornos religiosos.[13]

QUESTÕES

1) Que é, para você, o mais importante nas tipologias do campo religioso brasileiro apresentadas neste texto?
2) Como se dá a relação sujeito e religião atualmente?

---

[13] SANCHEZ, Wagner Lopes. Modernidade, pluralismo e reinvenção religiosa, p. 68.

EXCERTOS DE TEXTOS

Texto n. 1: A diversidade religiosa no Brasil

Viajemos por um momento ao Rio de Janeiro de julho de 1992. O que aconteceu lá em um dia da Eco 92 pode ser a melhor porta para entrarmos nessa casa de "muitas moradas", que, tal como no Evangelho, é estranha, mas também generosamente múltipla [...].

Lado a lado, distribuídos entre barracas e tendas, ali estavam representantes do que costumamos chamar de "grandes religiões universais", ou "religiões clássicas": católicos, protestantes, muçulmanos, judeus, budistas; de religiões com origem e simbologia orientais, há pouco tempo chegadas ao Brasil [...]; de religiões indígenas de povos do Brasil e de religiões de origem ou derivação afro-brasileira, assim como religiões criadas aqui mesmo, em nosso século [...].[14]

Essa simples lembrança ajuda a compreender uma dimensão muito importante do "mundo religioso" no Brasil. Não se trata de ele ser, hoje, muito variado, muito abrangente e, às vezes, até mesmo confuso, em sua imensa variedade de crenças, de religiões e de igrejas. Ele é também muito dinâmico. Dentro e fora dos espaços e da vida social de uma única religião, como o catolicismo, no intervalo entre religiões muito próximas, como as do cristianismo, ou no campo de encontro de todas as outras dimensões da cultura (como as artes, as ciências, as ideologias, as opções políticas, as escolhas profissionais, os estilos de vida, as maneiras de ser, enfim). Ela se torna múltipla e dinâmica; torna-se um lugar de crenças, de práticas, de cultos e de vida comunitária aberto ao

---

[14] As barracas e tendas foram organizadas no Aterro do Flamengo, no Rio de Janeiro, sob o título Aldeia Sagrada.

acontecimento, à permanente possibilidade da mudança, do surgimento do novo, do enfrentamento entre sistemas, entre modos pessoais e coletivos de se crer e viver a crença religiosa.

O que vemos na nossa frente é que pessoas de todas as camadas sociais e de todos os "níveis" culturais têm para com a religião disposições muito semelhantes, ainda que possam vivê-las de maneiras diferentes. Tal como no "Aterro do Flamengo", também no cotidiano de nossas cidades *a* religião e *as* religiões abrem-se a lavradores e professores, a pedreiros e cientistas, a mulheres do povo nas periferias e às "da elite", nos "bairros dos ricos".[15]

Texto n. 2: A nova relação sujeito-religião

Estamos presenciando, hoje, no campo religioso, uma nova relação sujeito-religião na qual o sujeito tem a preponderância na definição das prioridades no âmbito do religioso. Dois problemas decorrem dessa nova relação sujeito-religião.

O primeiro problema é que a religião passa, agora, a ter um papel importante na busca da identidade pessoal, mas como decorrência daquilo que Antoniazzi chama de privatização da identidade individual. Em contrapartida, a religião adquire uma carga forte de subjetividade.

Um outro problema é a valorização das questões que estão no nível da subjetividade em detrimento das questões que se referem ao mundo da política. Ao fazer referência às novas alternativas religiosas, Prandi afirma que "essas religiões populares podem, certamente, trazer as populações de adeptos para mais perto do sagrado e da magia e levá-los, simultaneamente, para mais longe da política".

---

[15] BRANDÃO, Carlos Rodrigues. As muitas moradas, cit., pp. 78-82.

Esses dois problemas indicados anteriormente apontam para o fato de que a complexidade do campo religioso tem a ver com os diversos modelos que a religião adota num determinado momento histórico e com a rapidez em que esses formatos vão se desenvolvendo. Em tempos de transformações aceleradas no âmbito da economia, da política e da cultura, essas mudanças também atingem o campo religioso e alcançam todos os lugares dele, embora não da mesma forma.[16]

BIBLIOGRAFIA SUGERIDA

BRANDÃO, C. R. As muitas moradas. Crenças e religiões no Brasil de hoje. In: BEOZZO, J. O. (Org.). *Curso de verão – Ano VII*. São Paulo, Paulus-Cesep, 1993.
CNBB. *Guia para o diálogo inter-religioso*. São Paulo, Paulus, 1987.

---

[16] SANCHEZ, Wagner Lopes. *(Des) Encontros dos Deuses...*, cit., pp. 101-102.

O PLURALISMO RELIGIOSO NO BRASIL

OBJETIVOS

- Examinar o desenvolvimento histórico do pluralismo religioso no Brasil e a sua especificidade.
- Apontar os desafios e obstáculos ao pluralismo religioso no Brasil.

SUBSÍDIOS PARA APROFUNDAMENTO

1

O campo religioso brasileiro caracterizou-se, até o final do século XIX, pela hegemonia e pelo monopólio legal por parte do catolicismo, em decorrência da configuração do projeto colonial implantado no Brasil.

Essa posição privilegiada ocupada pelo catolicismo deveu-se tanto ao lugar ocupado pelo catolicismo no projeto colonial como também à subordinação das estruturas eclesiásticas ao governo português decorrente do regime de padroado, que foi conquistado por Portugal no âmbito da cruzada para expulsar os árabes dos territórios portugueses. Esse regime permitia ao Estado e às classes dominantes portuguesas a instrumentalização da instituição religiosa e garantia a reprodução da ideologia religiosa necessária à sustentação do modelo de sociedade colonial.

Dentro do projeto colonial, e atendendo à sua função de instrumento do Estado e das classes dominantes, o catolicismo oficial foi utilizado para destruir as culturas e as religiões praticadas tanto pelos povos nativos aqui encontrados como pelos povos negros que foram escravizados e trazidos para o Brasil.

Em outras palavras, a prática evangelizadora do catolicismo, sobretudo a partir de meados do século XVI, visava à construção da hegemonia religiosa em território brasileiro. Por isso é correto afirmar que a história do catolicismo no Brasil, na época da colonização, foi a história da luta pela construção da hegemonia no campo religioso:

> Tratava-se de, efetivamente, manter o catolicismo como religião hegemônica permitida para, por meio dele, exercer o controle sobre o conjunto da sociedade dentro de um quadro de referência religiosa em que a religião tinha o papel de regulação do conjunto da vida social.[1]

Assim, o catolicismo era visto como um instrumento que possibilitava, de um lado, a submissão dos povos conquistados e, de outro, a coesão da sociedade colonial.

Porém, na dinâmica real do campo religioso brasileiro, essa hegemonia não era tão tranqüila por diversas razões. Entre elas podemos citar:

---

[1] SANCHEZ, Wagner Lopes. *(Des) Encontros dos deuses...*, p. 220.

a) o aparato eclesiástico era bastante precário para levar adiante o projeto de controle religioso sobre os povos indígenas e africanos;
b) os povos indígenas e africanos resistiram o quanto puderam ao projeto de imposição religiosa e cultural e procuraram manter, de diversas formas, a sua cultura e o seu universo religioso; e
c) o catolicismo trazido para cá, embora fosse excludente, não conseguiu ser exclusivo.

A resistência contra a religião européia e contra as expressões culturais européias não deixou o catolicismo incólume. Ela afetou profundamente o catolicismo e a cultura transplantada por meio de um certo hibridismo produzido pelo esforço de sobrevivência das culturas indígenas e africanas.[2] Diante dessa resistência e em virtude da satanização das religiões dos povos dominados, a hierarquia da Igreja católica romana adotou uma atitude de rejeição às diversas formas de hibridação que surgiram.

Os limites da hegemonia do catolicismo oficial, no entanto, foram evidenciados para além das resistências indígena e africana. O desenvolvimento do catolicismo popular, que foi produzido às margens institucionais da Igreja católica romana, revelou outro limite da instituição.

Dessa forma, a hegemonia e o monopólio do catolicismo não conseguiram eliminar a diversidade religiosa presente no campo religioso brasileiro em geral, nem a diversidade no interior do campo católico.

---

[2] CANCLINI, Nestor García. *Culturas híbridas*, p. 19.

2

A partir do século XIX, no entanto, aconteceram as principais mudanças que configuraram o pluralismo no campo religioso brasileiro: a) o ingresso das Igrejas protestantes históricas, a partir de meados do século XIX, e das Igrejas pentecostais, no século XX, leva o catolicismo a conviver com outros sujeitos, no campo cristão, com tradições, teologias e práticas diversas; e b) a separação Igreja-Estado, decorrente da proclamação da República, tirou da Igreja católica romana o monopólio legal.

O ingresso das Igrejas protestantes históricas

O ano de 1824 marca o início da implantação do protestantismo no Brasil com a fundação da primeira comunidade evangélica em Nova Friburgo, Rio de Janeiro, por imigrantes alemães. No mesmo ano, no Rio dos Sinos, no Rio Grande do Sul, também foi fundada por imigrantes alemães uma comunidade luterana com o nome de São Leopoldo.[3]

Essas primeiras iniciativas, porém, ficaram circunscritas às próprias comunidades de imigrantes. A mudança qualitativa que se dá no ingresso dos protestantes ocorre com a chegada de missionários norte-americanos: é o chamado protestantismo de missão. Esses missionários chegam ao Brasil com a finalidade de estender o

---

[3] Esse protestantismo ficou conhecido como "de imigração". A esse respeito, ver: MENDONÇA, Antônio Gouvêa & VELASQUES FILHO, Prócoro. *Introdução ao protestantismo no Brasil*, p. 29.

protestantismo a essas terras no bojo da "vocação norte-americana de transferir para a América Latina os benefícios do 'sonho americano' ou do 'estilo americano de vida', cujos componentes são patriotismo, racismo e protestantismo".[4] Além disso,

> os Estados Unidos sentiam-se depositários da missão divina de levar aos povos mais atrasados os benefícios do Reino de Deus na terra. Esse era o seu "destino manifesto".[5]

Tendo como pressuposto a afirmação de que o catolicismo que havia na América Latina era um "cristianismo deformado",[6] esses missionários vinham com a finalidade de fazer proselitismo e converter a população católica para o protestantismo. Com esses missionários vinha também o espírito liberal norte-americano. O protestantismo será, portanto, na sociedade brasileira, no dizer de Mendonça e Velasques, uma "força modernizadora liberal".[7]

Para a elite brasileira, não interessava a religião protestante propriamente dita, mas, sobretudo, o modelo educacional trazido pelos missionários, pelo qual eram veiculadas as idéias e os valores trazidos pelos missionários.[8]

O ingresso das Igrejas protestantes históricas acentuou a diversidade presente no campo religioso brasileiro e, ao mesmo tempo, atingiu diretamente a Igreja católica romana na medida em que Igrejas cristãs agora passavam a dividir com ela o campo

---

[4] Ibidem, p. 31. A respeito da teologia dominante que inspirou os movimentos missionários nessa época, ver também p. 32.
[5] Ibidem, p. 73.
[6] Ibidem, p. 31.
[7] Ibidem, 73.
[8] Ibidem, p. 74.

cristão. A diversidade religiosa, assim, ganha novos contornos porque se insere no interior do cristianismo brasileiro, até então de hegemonia católica. A partir desse momento, a Igreja católica romana, gradativamente, vai perdendo a supremacia no campo religioso brasileiro e a sua capacidade de manter a coesão social.

A partir do século XX, as Igrejas pentecostais[9] começaram a instalar-se no Brasil: 1910 – Congregação Cristã do Brasil e 1911 – Assembléia de Deus. A partir daí, o pentecostalismo desenvolve-se com muita rapidez sendo, mesmo, um dos seus desdobramentos o neopentecostalismo, um fenômeno que ainda hoje chama a atenção dos estudiosos em virtude de ser o fenômeno religioso de destaque no campo religioso brasileiro.

Um exemplo disso são os resultados do censo demográfico do Instituto Brasileiro de Geografia e Estatística (IBGE). Em 1991, o total de evangélicos era de 13,1 milhões, o que correspondia a 9% do total da população. Em 2000, o número total de evangélicos era de 26.210.545, correspondendo a 15,4% da população brasileira. O que mais chama a atenção, e o que nos interessa aqui, é que, desse total, 17.733.477 eram pentecostais, o que corresponde a 67,65% dos evangélicos.[10]

O ingresso dos pentecostais alterou profundamente o panorama do campo religioso brasileiro e as relações entre os seus sujeitos por três razões:

---

[9] Uma boa retrospectiva histórica das Igrejas pentecostais no Brasil pode ser encontrada em Paulo Freston, Breve história do pentecostalismo brasileiro, in VV.AA., *Nem anjos, nem demônios*: interpretações sociológicas do pentecostalismo, pp. 67-162.

[10] Fontes: ROMERO, Jacob César et alii. *Atlas da filiação religiosa e indicadores sociais no Brasil*, p. 44. *Almanaque Abril*. 2004, p. 126. No mesmo período, de 1991 a 2000, a população católica reduziu, em termos porcentuais, de 83% para 73,6%.

a) o pentecostalismo, partindo de um "caldo cultural" comum ao catolicismo, opõe-se a este redefinindo novas formas de identidade religiosa e novos quadros éticos referenciais, propiciando a reafirmação de um modelo de fiel evangélico;[11]
b) o pentecostalismo reafirmou o caráter proselitista do protestantismo brasileiro ao mesmo tempo que algumas das Igrejas protestantes históricas abandonaram essa estratégia e procuraram estabelecer relações de proximidade com a Igreja católica romana, sobretudo a partir da renovação desta última com o Concílio Vaticano II; e
c) a chegada das Igrejas pentecostais provoca forte corrosão na hegemonia da Igreja católica romana, que já estava enfraquecida com o ingresso do protestantismo de missão no século XIX.

Assim, o pentecostalismo veio para acelerar o processo de diversificação do campo religioso brasileiro e contribuiu, apesar do seu caráter proselitista, para a construção do pluralismo religioso na medida em que acentuou a exigência de liberdade religiosa e a reivindicação de espaços no campo religioso.

A separação Igreja-Estado

É a separação Igreja-Estado que vai aprofundar as mudanças na configuração do campo religioso brasileiro. É o que Mariano define como a "desregulação estatal da economia religiosa" que

---

[11] A esse respeito, ver: SANCHIS, Pierre. O repto pentecostal à "cultura católico-brasileira".

promove "a desmonopolização religiosa, a liberdade e o pluralismo religioso".[12]

Como primeira conseqüência da separação Igreja-Estado, a Igreja católica perde o monopólio legal do campo religioso, deixa de ser religião oficial e passa a conviver com outros sujeitos religiosos. São os primeiros passos do pluralismo religioso no Brasil.

A perda do monopólio religioso e a redução crescente da sua influência levam a Igreja católica romana à perda da função ocupada até então nas suas relações com as classes sociais e com as diversas instituições da sociedade brasileira. Essa perda teve implicações profundas no campo religioso brasileiro, que levaram a um novo desenho deste.

Apesar das mudanças decorrentes da separação Igreja-Estado e que levaram a alterações profundas no campo religioso, a Igreja católica romana manteve práticas e discursos pretensamente hegemônicos, tanto na reivindicação de direitos institucionais diante do Estado quanto na elaboração de um discurso de crítica constante, com forte caráter antipluralista e exclusivista, às outras expressões religiosas: protestantismo histórico, pentecostalismo, candomblé, umbanda e espiritismo.[13]

E a Igreja católica romana vê-se diante de um dilema: ao mesmo tempo que ela perde privilégios diante do Estado e diante da sociedade — e muitos membros da hierarquia católica lamentam esse fato —, ganha a liberdade que antes não tinha. A submissão da Igreja católica romana ao Estado, herança do regime de padroado, tirava da própria instituição a autonomia que

---

[12] MARIANO, Ricardo. Secularização do Estado, liberdades e pluralismo religioso, p. 2.
[13] Cf. SANCHEZ, Wagner Lopes. Op. cit., p. 225.

necessitava para a sua atuação, tanto no que diz respeito à sua organização e atuação no território nacional, como também no que diz respeito aos recursos humanos necessários a essa atuação.

Um dos pressupostos fundamentais para a existência do pluralismo religioso é a liberdade religiosa. Na Modernidade, a liberdade religiosa será garantida pelo Estado, que, com o aparato jurídico que lhe é próprio, vai garantir o exercício livre dos cultos. O Estado terá a função de garantidor das condições necessárias para que os sujeitos religiosos atuem livremente:

> É do Estado que se reivindica: a pronta repressão à privação de direitos por motivo de crença religiosa, à discriminação, à intolerância e à perseguição religiosas; a proteção dos locais de culto e suas liturgias, como prescreve a Constituição brasileira; a defesa dos que se vêem vitimados ou têm seus direitos fundamentais violados por determinados agentes religiosos.[14]

A liberdade religiosa, portanto, será a conseqüência da separação Igreja-Estado, e assim, para os diversos grupos religiosos, esse evento, se por um lado garante a liberdade de culto, por outro impõe limites aos grupos religiosos, pois estende a sua dominação jurídica sobre a esfera religiosa, em moldes diferentes do modelo de cristandade, e tira do horizonte das religiões a possibilidade de imporem ao conjunto da sociedade os seus quadros referenciais. Na esfera da vida individual, a perda da influência da religião católica, antes hegemônica, vai introduzir um elemento novo: é a afirmação da liberdade individual

---

[14] Ibidem, p. 1.

de escolha religiosa. Se no Brasil, antes da separação Igreja-Estado, a pessoa "nascia católica", a partir desse evento há uma mudança na forma de adesão religiosa: agora existe a possibilidade de escolher a religião

Com a separação Igreja-Estado e a conseqüente perda de hegemonia pela Igreja católica romana, o campo religioso brasileiro será submetido à lógica da concorrência entre os diversos sujeitos religiosos. A entrada de outros sujeitos religiosos no Brasil introduz a concorrência entre as religiões e faz surgir novas necessidades religiosas e novos "bens religiosos" para atendê-las.

A Igreja católica romana, acostumada com a sua posição hegemônica ocupada até então, vê-se obrigada a pensar em estratégias para garantir a manutenção dos seus espaços ocupados no campo religioso. Uma primeira estratégia será a adoção de instrumentos eficientes de planejamento da ação evangelizadora para atingir, de forma mais consistente, tanto os católicos propriamente ditos como também a própria sociedade. Os esforços da CNBB, desde a sua origem, em 1952, de planejar nacionalmente a ação pastoral da Igreja católica romana atendem a essa estratégia.

Uma segunda estratégia adotada pela Igreja católica romana, no Brasil, será a afirmação da identidade católica com perfil conservador a partir da década de 1980. Essa estratégia vai traduzir-se por meio da atuação de alguns movimentos apostólicos de orientação conservadora e de investimento nos meios de comunicação. Essa segunda estratégia será o desdobramento da estratégia adotada pela Igreja católica romana, no âmbito mundial, no pontificado de João Paulo II, na direção de um movimento de restauração do catolicismo romano.

3

Como vimos anteriormente, o pluralismo instaura no campo religioso a multiplicação de sujeitos religiosos, de interesses religiosos diferentes e de alternativas religiosas. Esse fenômeno ocorre no campo religioso, em geral, e também no campo cristão, em particular.

No caso brasileiro, podemos identificar três momentos importantes nessa trajetória. Num primeiro momento, houve um embate entre muitos setores da Igreja católica romana no Brasil e as religiões de origem afro, sobretudo candomblé e umbanda, e o espiritismo. Exemplo disso é o fato de que, na década de 1950, um teólogo, Boaventura Kloppenburg, hoje bispo emérito de Novo Hamburgo (RS), escreveu diversos artigos, que foram publicados na *Revista Eclesiástica Brasileira*, e livros fazendo apologia do catolicismo diante da umbanda e do espiritismo.[15]

Num segundo momento, no que diz respeito ao campo cristão, a Igreja católica romana no Brasil vai enfrentar um dilema que ainda não foi equacionado: de um lado, procura dialogar com as Igrejas protestantes históricas e, de outro, tem dificuldades para relacionar-se com as Igrejas pentecostais e neopentecostais. A razão desse dilema pode ser encontrada justamente no lugar ocupado pelo pentecostalismo e pelo neopentecostalismo no campo religioso brasileiro, que representa uma ameaça

---

[15] Dois livros desse autor nesse período são: *A umbanda no Brasil* e *Cruzada de defesa da fé católica no primeiro centenário do espiritismo*. No final da década de 1960, Kloppenburg faz uma revisão das suas posições a respeito da umbanda: *Ensaio de uma nova posição pastoral perante a umbanda*.

para a atuação da Igreja católica romana. Não podemos esquecer que a maior parte do contingente de pessoas que aderem àquelas Igrejas é originária da Igreja católica romana. Por terem um caráter fortemente proselitista, muitas das Igrejas pentecostais e das Igrejas neopentecostais ganham adeptos em espaços tradicionalmente ocupados pela Igreja católica romana, e negam-se a participar do movimento ecumênico justamente por não aceitarem dialogar com ela.

Num terceiro momento, presenciamos, hoje, dois embates simultâneos desencadeados por setores do neopentecostalismo contra as religiões de origem afro e contra a Igreja católica romana. Algumas Igrejas neopentecostais, notadamente a Igreja Universal do Reino de Deus, elegeram como inimigos a serem enfrentados tanto as religiões de origem afro como a própria Igreja católica romana. No primeiro caso, sob a acusação de que essas religiões são expressões demoníacas; no segundo, sob a acusação de que a Igreja católica romana pratica a idolatria.

Nesses três momentos, podemos detectar elementos que colocam obstáculos à consolidação do pluralismo religioso:

a) Um primeiro elemento é a dificuldade de muitos sujeitos religiosos reconhecerem a legitimidade dos demais. Ao afirmarem a sua identidade, muitos sujeitos religiosos negam-se a reconhecer a legitimidade dos demais e fecham-se em suas fronteiras. Assim, a identidade é determinada pela negação do diferente. Nesse caso, as relações entre os sujeitos religiosos situam-se dentro dos limites da chamada tolerância religiosa e não avançam para o reconhecimento da legitimidade dos diferentes sujeitos religiosos, pois temem que isso diminuiria a sua identidade.

b) O proselitismo religioso é um outro elemento que limita o pluralismo religioso. Ao afirmarem apenas a validade das suas doutrinas e negarem a das demais, muitas religiões defendem para si o direito de conquistarem novos adeptos no interior do campo religioso. Muitas vezes, mesmo, essas práticas de proselitismo acontecem dentro da lógica de concorrência.

c) A incapacidade para o diálogo é um outro elemento, decorrente dos dois primeiros, que compromete o pluralismo religioso. Se a democracia tem como uma de suas características a existência de espaços de diálogo entre os sujeitos, a incapacidade para o diálogo compromete a existência da democracia e, portanto, do pluralismo religioso.

QUESTÕES

1. Quais são os reflexos, no campo religioso brasileiro atual, da hegemonia católica em nosso passado?
2. Qual a importância da separação Igreja-Estado para o pluralismo religioso no Brasil?

EXCERTOS DE TEXTOS

Texto n. 1: A separação jurídica Igreja-Estado no Brasil

Sancionado pelo governo provisório da República dos Estados Unidos do Brasil, o Decreto n. 119A, de 7 de janeiro de 1890, de autoria de Rui Barbosa, separou a Igreja católica do Estado, extinguiu o padroado, proibiu os órgãos e autoridades públicos de expedir leis, regulamentos ou atos administrativos que estabelecessem religião ou a vedassem e instituiu plena liberdade de culto e religião para os indivíduos e todas as confissões, igrejas e agremiações religiosas (SCAMPINI, 1978:84). Inscritas na Constituição de 1891, a separação da Igreja católica do Estado e a instituição da plena liberdade religiosa e de culto para todos os indivíduos e credos religiosos propiciariam, no decorrer do século XX, a ascensão de um mercado aberto no campo religioso brasileiro. Isto é, a laicização do Estado brasileiro possibilitou a dilatação do pluralismo religioso, ou o ingresso, a criação e a expansão de novas religiões, e, com isso, deu ensejo à efetivação da livre concorrência entre os diferentes agentes e instituições religiosos. Ao resultar em liberdade, diversificação e competição religiosas, a separação entre Igreja católica e Estado permitiu o ingresso e a formação de novos grupos religiosos, concedeu plena liberdade à maioria das associações religiosas e, com isso, não só permitiu a constituição de um verdadeiro mercado religioso em solo nacional, como abriu passagem para que, no limite, a hegemonia do catolicismo viesse futuramente a ser posta em xeque pela eficiência do proselitismo dos concorrentes.

Influenciada pelo liberalismo da Constituição norte-americana, a Constituição brasileira de 1891 manteve as resoluções do decreto 119A, que tornou laico o recém-criado Estado republicano, desvinculando-o legalmente da Igreja católica. Além disso, a despeito da pronunciada oposição clerical, regulamentou essa separação em várias esferas da vida social: instituiu o casamento civil, estabeleceu o ensino leigo nas escolas públicas, secularizou os cemitérios, pôs fim à subvenção estatal a todo e qualquer culto ou Igreja e concedeu plenos direitos civis e políticos aos cidadãos de outros credos religiosos (SCAMPINI, 1978).

Em face do novo quadro jurídico republicano, o Estado brasileiro viu-se legalmente forçado a retirar-se de sua tradicional posição de administrador do grupo religioso dominante e de defensor de seus interesses. Porém, os vínculos entre Estado e Igreja não se romperam completa e repentinamente. Apesar de sua laicização e de sua separação jurídica da Igreja católica, é óbvio que o Estado republicano não passou imediatamente a tratar de forma isonômica os diferentes grupos religiosos. Como frisa Giumbelli (2000:155), "em nosso regime de 'separação' pululavam os vínculos, compromissos, contatos, cumplicidades entre autoridades e aparatos estatais e representantes e instituições católicas". Na prática, afirma Beozzo (2000:120), "muito da legislação republicana em matéria religiosa permaneceu letra morta, por conta da anterior tradição e pela ausência da administração do Estado nos vastos interiores do país. O único documento de identidade para muitos continuou sendo apenas a certidão de batismo [...]. Em muitas cidades do interior, nas zonas de antiga colonização, os cemitérios não foram municipalizados e continuaram sob a administração de irmandades religiosas".[16]

Texto n. 2: O desafio do pluralismo religioso para a teologia latino-americana

O pluralismo religioso aparece neste início de século como um dos desafios mais fundamentais para a teologia. Trata-se de um novo paradigma que vem convocar a teologia a retomar de forma viva a sua dimensão hermenêutica. A consciência singular do pluralismo religioso provoca "um novo modo de fazer teolo-

---

[16] MARIANO, R. Op. cit., p. 11.

gia", agora contextualizado numa realidade marcada pela dinâmica inter-religiosa. A teologia das religiões passa a ser compreendida como uma "teologia hermenêutica inter-religiosa".

Na raiz desta teologia do pluralismo religioso está a prática do diálogo inter-religioso. Trata-se de uma teologia que busca responder e interpretar, no plano de uma elaboração teórica, a realidade plural circundante. Porém, como se sabe, não existe uma teologia universal do pluralismo religioso, pois toda reflexão teológica implica uma adesão de fé particular. O caminho aqui proposto insere-se no horizonte da reflexão teológica cristã, mas sempre aberto à perspectiva global mais ampla. Na medida em que tal reflexão vem animada permanentemente pelo espírito dialogal, ela implica uma verdadeira simpatia e empatia pelo universo da alteridade. O exercício de uma teologia cristã do pluralismo religioso exige uma dinâmica de acolhida da vulnerabilidade. O grande desafio do diálogo inter-religioso está em reconhecer sem restrição alguma o caráter irredutível e irrevogável do outro interlocutor, com o qual se instaura a busca de um conhecimento mútuo e de um recíproco enriquecimento.

Ao situar-se sob o signo do pluralismo religioso, a nova reflexão teológica vem desafiada a ultrapassar uma concepção que se restringe ao reconhecimento do pluralismo de fato e avançar para a compreensão de um pluralismo de princípio. Nessa última direção, a teologia passa a reconhecer e afirmar a riqueza e o sentido que a pluralidade das religiões alcança no misterioso plano divino para a humanidade. Segundo essa linha de reflexão, o pluralismo religioso vem acolhido positivamente, pois expressa "todas as riquezas da sabedoria infinita e multiforme de Deus".

O reconhecimento e a abertura ao pluralismo de princípio não ocorrem sem resistências e dificuldades. Sobretudo nestes tempos de acirramento das identidades e de radicalização etnocêntrica, inúmeros obstáculos são contrapostos ao esforço teológico de pensar o pluralismo religioso de forma mais rica e aberta.[17]

BIBLIOGRAFIA SUGERIDA

VV.AA. *Nem anjos, nem demônios:* interpretações sociológicas do pentecostalismo. Petrópolis, Vozes, 1994. (Especialmente os textos de Pierre Sanchis e Paul Freston.)

ASETT (Org.). *Pelos muitos caminhos de Deus.* Desafios do pluralismo religioso à teologia da libertação. Goiás, Rede, 2003.

---

[17] TEIXEIRA, Faustino. O desafio do pluralismo religioso para a teologia latino-americana, pp. 65-66.

CONCLUSÃO

CAMINHOS DO PLURALISMO PARA CONSTRUIR A SOLIDARIEDADE

O percurso feito neste livro mostrou que a Modernidade inaugurou novos cenários marcados pela diversidade, pela lógica da diferença e pelo pluralismo religioso. No centro do cenário está a alteridade, que nos desafia e provoca de forma impertinente, ao mesmo tempo que nos enriquece e embeleza.

A realidade do pluralismo religioso e a conseqüente exigência de respeito à alteridade obrigam as religiões a saírem de seu casulo e a compreenderem os problemas do mundo como seus. Fundamentalmente, a realidade do pluralismo exige das religiões uma atitude pluralista e dialogante diante desse cenário e diante da história.

O grande desafio que as religiões têm diante de si, nos dias atuais, é responder de forma consistente às ameaças que estão sendo feitas, cotidianamente, à vida e que colocam em risco a sobrevivência não só da espécie humana, mas também do planeta. E as tradições religiosas apontam-nos um critério para essa luta: solidariedade com as vítimas.

Nenhuma religião, hoje, isoladamente, consegue responder a essas ameaças em virtude da amplitude desse problema. Por isso, mais do que nunca, as religiões estão sendo convocadas a apresentar alternativas que não podem ficar limitadas às suas fronteiras.

A aceitação do pluralismo e abertura ao diálogo inter-religioso com todas as religiões e visões de mundo é fundamental nesse processo de luta pela vida em solidariedade às vítimas.

Assim, nos dias atuais, a mediação do diálogo entre as Igrejas cristãs e entre as religiões deve ser a própria vida.

O testemunho de gratuidade e fraternidade a ser dado pelas religiões será confrontado com a sua capacidade de diálogo e de compromisso com a defesa da vida. Capacidade de diálogo que supõe o respeito ao diferente e a construção de identidades abertas e livres para acatar a beleza e a riqueza de cada pessoa, de cada grupo humano e de cada cultura. Compromisso com a defesa da vida, que supõe a disposição para construir relações mais humanas e mais amorosas.

No futuro, a história cobrará das religiões a contribuição que deram ou os obstáculos que colocaram para um mundo humanizado.

Num mundo plural e de pluralismo, as religiões precisarão sentar-se à mesa convidando os caminhantes para partilhar o alimento, as suas vidas, as suas crenças, os seus sonhos...

Num mundo plural e de pluralismo, as religiões precisarão ser solidárias com as vítimas, amantes da justiça e do direito, defensoras da vida.

Caso contrário, perderão a sua credibilidade e a sua razão de ser.

BIBLIOGRAFIA

ALBERIGO, G. João XXIII e o Vaticano II. In: VV.AA. *Herança espiritual de João XXIII*: olhar posto no amanhã. São Paulo, Paulus, 1993.
_____. *História dos concílios ecumênicos*. São Paulo, Paulus, 1995.
ALMANAQUE *Abril*. São Paulo, Abril, 2004.

BARROS, M. *O sonho da paz. A unidade nas diferenças:* ecumenismo religioso e o diálogo entre os povos. 2. ed. Petrópolis, Vozes, 1996.

BARRY, C. *Sábias palavras do Dalai-Lama.* Rio de Janeiro, Bertrand Brasil, 2001.

BERMAN, M. *Tudo o que é sólido desmancha no ar. A aventura da modernidade.* São Paulo, Companhia das Letras, 1998.

BOFF, L. *"Ethos" mundial. Um consenso mínimo entre os humanos.* Brasília, Letraviva, 2000.

_____. *Espiritualidade. Um caminho de transformação.* Rio de Janeiro, Sextante, 2001.

BOSI, A. *Dialética da colonização.* 3. ed. São Paulo, Companhia das Letras, 1995.

BRANDÃO, C. R. As muitas moradas. Crenças e religiões no Brasil de hoje. In: BEOZZO, J. O. (Org.). *Curso de Verão – Ano VII.* São Paulo, Paulus-Cesep, 1993.

_____. A crise das instituições tradicionais produtoras de sentido. In: MOREIRA, A. & ZICMAN, R. *Misticismo e novas religiões.* Petrópolis-Bragança Paulista, Vozes-USF/Ifan, 1994.

CANCLINI, N. G. *Culturas híbridas.* São Paulo, Edusp, 1997.

CNBB. *Guia ecumênico.* São Paulo, Paulus, 1984.

_____. *Guia para o diálogo inter-religioso.* São Paulo, Paulus, 1987.

COMBLIN, J. Para uma tipologia do catolicismo no Brasil. In: *Revista Eclesiástica Brasileira*, Petrópolis, Vozes, v. 28, fasc. 1, pp. 46-73, 1968.

CONCÍLIO VATICANO II. *Documentos do Concílio Ecumênico Vaticano II.* São Paulo, Paulus, 1997. Declaração *Nostra aetate*, sobre as relações da Igreja com as religiões não-cristãs.

CONCÍLIO VATICANO II. *Documentos do Concílio Ecumênico Vaticano II.* São Paulo, Paulus, 1997. Decreto *Unitatis redintegratio,* sobre o ecumenismo.

CONGREGAÇÃO PARA A DOUTRINA DA FÉ. *Declaração "Dominus Iesus", sobre a unicidade e a universalidade salvífica de Jesus Cristo e da Igreja.* São Paulo, Paulus-Loyola, 2000.

CONSELHO MUNDIAL DE IGREJAS. *Para uma compreensão e uma visão comuns do Conselho Mundial de Igrejas.* São Paulo, Cesep-Ave-Maria, 1999. Declaração de política.

DALAI-LAMA. *O mundo do budismo tibetano.* Uma visão geral de sua filosofia e prática. Rio de Janeiro, Nova Fronteira, 2001.

_____ & CARRIÈRE, J.-C. *A força do budismo.* São Paulo, Mandarim, 2001.

_____ & CUTLER, H. C. *A arte da felicidade.* Um manual para a vida. São Paulo, Martins Fontes, 2001.

DUPUIS, J. *Rumo a uma teologia cristã do pluralismo religioso.* São Paulo, Paulinas, 1999.

FISCHER-WOLLPERT, Rudolf. *Léxico dos papas:* de Pedro a João Paulo II. Petrópolis, Vozes, 1991.

GONZALEZ, J. L. *A era dos novos horizontes.* São Paulo, Vida Nova, 1991. Coleção Uma história ilustrada do cristianismo, v. 9.

HAIGHT, R. *Jesus, símbolo de Deus.* São Paulo, Paulinas, 2003.

HANH, T. N. *A essência dos ensinamentos de Buda.* Rio de Janeiro, Rocco, 2001.

HARVEY, D. *Condição pós-moderna.* 7. ed. São Paulo, Loyola, 1998.

JOÃO XXIII. *Documentos de João XXIII.* São Paulo, Paulus, 1998. Convocação do Concílio Ecumênico Vaticano II *Humanae salutis.*

_____. *Teologia a caminho. Fundamentação para o diálogo ecumênico.* São Paulo, Paulinas, 1999.

João XXIII. *Uma ética global para a política e a economia mundiais.* Petrópolis, Vozes, 2000.
Küng, H. *Igreja católica.* Rio de Janeiro, Objetiva, 2002.
Lechner, N. *Los patios interiores de la democracia – Subjetividad y política.* Santiago, Flacso, 1990.
Mallimaci, F. Apuntes para una comprensión de la pluralidad, diversidad y pluralismo en el campo religioso en el siglo XIX y XX. Guatemala, 1996. mimeo.
Mariano, R. Secularização do Estado, liberdades e pluralismo religioso. Disponível em: <http://www.naya.org.ar/congreso2002/ponencias/ricardo_mariano.htm>, acesso em 31.5.2004.
Marramao, G. *Céu e terra.* São Paulo, Unesp, 1994.
Mendonça, A. G. & Velasques Filho, P. *Introdução ao protestantismo no Brasil.* São Paulo, Loyola-Ciências da Religião, 1990.
Menozzi, D. *A Igreja católica e a secularização.* São Paulo, Paulinas, 1999.
Miranda, M. F. A afirmação da vida como questão teológica para as religiões. In: Teixeira, F. (Org.). *O diálogo inter-religioso como afirmação da vida.* São Paulo, Paulinas, 1997.
Montero, P. Globalização, identidade e diferença. *Revista Novos Estudos,* São Paulo, Cebrap, n. 49, nov./1997.
_____. Reinventando as diferenças num mundo global. In: Dowbor, L., Ianni, O. & Resende, P.-E. A. *Desafios da globalização.* Petrópolis, Vozes, 1998.
Navarro, J. B. *Para compreender o ecumenismo.* São Paulo, Loyola, 1995.
Nogueira, P. Multiplicidade teológica e a formação do catolicismo primitivo na Ásia Menor. *Revista Estudos de Religião,* São Bernardo do Campo, IEPGCR, n. 8, pp. 35-46, 1992.

OLIVEIRA, M. A. de. *Tópicos sobre dialética*. Porto Alegre, EDIPUCRS, 1997.
ORTIZ, R. *Mundialização e cultura*. 2. ed. São Paulo, Brasiliense, 1996.
PACE, E. Religião e globalização. In: ORO, A. P. & STEIL, C. A. (Org.). *Globalização e religião*. Petrópolis, Vozes, 1997.
PIERUCCI, A. F. A propósito do auto-engano em sociologia da religião. *Novos Estudos*, São Paulo, Cebrap, n. 49, pp. 99-118, nov./1997.
_____. *Ciladas da diferença*. São Paulo, Hucitec, 1999.
PIO IX. *Documentos de Gregório XVI e de Pio IX*. São Paulo, Paulus, 1999. Carta encíclica *Qui pluribus*.
_____. *Documentos de Gregório XVI e de Pio IX*. São Paulo, Paulus, 1999. *Quanta cura*.
ROMERO, J. C. et alii. *Atlas da filiação religiosa e indicadores sociais no Brasil*. São Paulo, PUC-Rio-Loyola-CNBB, 2003.
SANCHEZ, W. L. Modernidade, pluralismo e reinvenção religiosa. Da possibilidade de pensar o pluralismo religioso a partir de Weber. In: LACERDA, Antonio. Religião e religiosidade. *Revista da APG*, São Paulo, APG-PUC-SP, n. 19, pp. 61-76, 1999.
_____. *(Des)Encontros dos deuses. CNBB e pluralismo religioso no Brasil. Um debate a partir dos Encontros Intereclesiais de CEBs (1992-1997)*. Tese de doutorado em Ciências Sociais apresentada na Pontifícia Universidade Católica de São Paulo, 2001.
SANCHIS, P. O repto pentecostal à "cultura católico-brasileira", In: VV.AA. *Nem anjos, nem demônios*: interpretações sociológicas do pentecostalismo. Petrópolis, Vozes, 1994.

SANCHIS, P. As religiões dos brasileiros. *Horizonte* – Revista do Núcleo de Estudos em Teologia, Belo Horizonte, PUC-Minas, v. 1, n. 2, pp. 28-43, 1997.

SANTA ANA, J. H. de. *Ecumenismo e libertação*. Petrópolis, Vozes, 1987.

_____. A Igreja católica e o movimento ecumênico. *Notas* – Jornal de Ciências da Religião, São Bernardo do Campo, n. 1, pp. 2-5, 1994.

SUESS, P. Evangelización inculturada. Glosario conceptual. Revista *Testemonio*, Santiago. n. 114, pp. 27-37, jul.-ago.1994.

_____. *Evangelizar a partir dos projetos históricos dos outros. Ensaio de missiologia*. São Paulo, Paulus, 1995.

_____. *Teologia das religiões:* uma visão panorâmica. São Paulo, Paulinas, 1995.

_____. O desafio do pluralismo religioso para a teologia latino-americana. In: ASETT (Org.). *Pelos muitos caminhos de Deus*.

TEIXEIRA, F. (Org.). *O diálogo inter-religioso como afirmação da vida*. São Paulo, Paulinas, 1997. Desafios do pluralismo religioso à teologia da libertação. Goiás, Rede, 2003.

TOURAINE, Alain. *Crítica da modernidade*. 4. ed. Petrópolis, Vozes, 1997.

UNESCO. *Carta da Terra*, 2000.

VELASCO, R. *A Igreja de Jesus. Processo histórico da consciência eclesial*. Petrópolis, Vozes, 1996.

VV.AA. *Nem anjos, nem demônios:* interpretações sociológicas do pentecostalismo. Petrópolis, Vozes, 1994.

WALLERSTEIN, I. ¿El fin de que modernidad? Revista *Pasos*, San José, DEI, n. 64, pp. 10-18, 1995.

WEBER, Max. *Ensaios de sociologia*. Rio de Janeiro, Zahar, 1982.

Cadastre-se no site

www.paulinas.org.br

Para receber informações
sobre nossas novidades
na sua área de interesse:

- Adolescentes e Jovens • Bíblia • Biografias • Catequese
- Ciências da religião • Comunicação • Espiritualidade
- Educação • Ética • Família • História da Igreja e Liturgia
- Mariologia • Mensagens • Psicologia
- Recursos Pedagógicos • Sociologia e Teologia.

Telemarketing 0800 7010081

Impresso na gráfica da
Pia Sociedade Filhas de São Paulo
Via Raposo Tavares, km 19,145
05577-300 - São Paulo, SP - Brasil - 2013